图解 精益制造071

提质降本产品开发

良い製品開発

[日] 三木博幸 著 [日] 藤本隆宏 解说
孟凡辉 译

人民东方出版传媒
People's Oriental Publishing & Media
東方出版社
The Oriental Press

图字：01-2021-1206 号

图书在版编目（CIP）数据

提质降本产品开发／（日）三木博幸 著；（日）藤本隆宏 解说；孟凡辉 译. —北京：东方出版社，2021.6
（精益制造；071）
ISBN 978-7-5207-2195-0

Ⅰ.①提… Ⅱ.①三… ②藤… ③孟… Ⅲ.①产品开发—研究 Ⅳ.①F273.2

中国版本图书馆 CIP 数据核字（2021）第 086206 号

精益制造 071：提质降本产品开发
（JINGYIZHIZAO 071：TIZHI JIANGBEN CHANPIN KAIFA）

作　　者：［日］三木博幸
解　　说：［日］藤本隆宏
译　　者：孟凡辉
责任编辑：崔雁行　高琛倩
出　　版：东方出版社
发　　行：人民东方出版传媒有限公司
地　　址：北京市西城区北三环中路 6 号
邮　　编：100120
印　　刷：北京文昌阁彩色印刷有限责任公司
版　　次：2021 年 6 月第 1 版
印　　次：2021 年 6 月第 1 次印刷
开　　本：880 毫米×1230 毫米　1/32
印　　张：8.375
字　　数：124 千字
书　　号：ISBN 978-7-5207-2195-0
定　　价：58.00 元
发行电话：（010）85924663　85924644　85924641

致中国读者

2010年10月9日，我应山东省济南市某工业协会的邀请，第一次来到中国。因为有中国读者读了我的《提质降本》(日本经济新闻出版社）这本当时在日本热销的书，所以邀请我去做主题演讲。

听讲的人数远远超出了我的想象，而演讲之后的研讨交流的热烈程度，更是令我大吃一惊。问题一个接着一个，令我充分地感受到了“世界工厂”时代的中国人对制造业的非凡热情。而我也通过这次讲演与中国结缘，开始了在中国各地的降低成本的技术指导。

2017年7月21日，当我给辽宁省沈阳市某日资企业做咨询时，又经历了令我至今难忘的一幕。不少中国学员都是抱着一摞书来参加讲座的，既有我写的《零件减半》和《成本减半》的中文版（均由东方出版社出版），也有日文原版的《提质降本》。看到这一幕，我再一次对中国人对制造业的烈火般的热情，感到由衷的敬佩。

制造业的宗旨是，发现顾客的痛点并创造出相应的产品。

这个产品不仅要给顾客提供解决方案，还要能感动顾客。这是一个全世界共通的宗旨，不会因为种族、语言、文化或国籍的不同而改变。

为了创造出感动顾客的产品，我们必须将开发能力提升到比竞争对手更高的水平。高水平的开发能力，不仅意味着更快的开发进度，还意味着更高的质量和更低的成本。换句话说，开发能力与产品的质量、成本息息相关。

从这个意义上说，开发现场和开发负责人极为重要。为了不放过任何一个小问题，开发人员必须训练自己的眼力，为了持续创新，开发人员必须训练自己的心智。而持之以恒的一个个小改善，最终将能够在产品的质量和成本方面产生显著的改善。这也是全世界的普遍做法。

为了培养开发人员的眼力和心智，提升组织的开发能力，从而实现“开发创新”的目标，就必须贯彻切实可行的“DTC（Design to Cost）开发”。基于这一点，本书着重介绍了“DTC开发”的各种方法。

我一直为自己是一名开发人员而感到自豪。因为我相信通过我开发的优质产品，不但可以丰富人们的生活，还可以为建设和谐的国际社会做出贡献。

有句谚语叫作“需求是发明之母”。我将一如既往地持续追求新的想法，为世界各国的那些以顾客需求为出发点来开发产品、创造价值的制造企业提供技术咨询。

如果这本书能够帮助到那些和我有同样愿景的中国读者开发出更好的产品，将是我的无上荣幸。

多谢各位读者的厚爱。

2021 年 4 月 11 日

三木博幸

前　言

到目前为止，我已经出版了三本书，分别是《提质降本》《成本减半》《零件减半》。通过书名就可以知道，这些都是从“零件减半，成本减半”这个角度，对我年轻时从产品开发的经验里总结出的“DTC（Design To Cost）开发”的解说。

此次不避画蛇添足之嫌而写作本书，是希望通过全面详实地讲解“DTC 开发”，让产品开发的思考方法和推进方式得到更多人的理解，尤其是企业高层。说这些，是因为这些年我作为咨询师奔波于日本各地的过程中，通过和我所指导的企业的接触，我深感有些公司并没有很好地理解何为产品开发。本书再三强调，产品开发是决定企业命运的重中之重。我殷切地希望企业高层能切实地理解这一点。

“本国第一”“贸易战”“资源争夺战”“劳动力不足”……如今，企业的经营环境日益恶化并且困难重重。针对这些问题，如何有效地利用 AI 的论战也愈演愈烈，但是有一点不容置疑，那就是 AI 并不能为我们所面对的问题提出解决方案。强化产品开发部门的权限，改革组织让企业的视野更开阔，行动力更强，若能如此，我们必将获得解决这些难题的智慧。

东京大学研究生院经济学研究科的藤本隆宏教授在百忙之中查阅本书原稿，并加以解说，特在此深表感谢。

最后，衷心希望读者们能通过本书充分理解我关于产品开发的想法。

译者序

14 世纪早期，英格兰人奥卡姆提出了著名的“奥卡姆剃刀原理”（也被称为简约法则），其核心思想可以概括为，“如非必需，勿增实体”。从这个角度来说，“零件减半，成本减半”的优质产品开发与“奥卡姆剃刀原理”有异曲同工之妙。“零件减半，成本减半”的优质产品开发，既是作者三木老师对自己近半个世纪的产品开发工作的总结，也是一门经历过实践检验的实学。在三木老师自己的产品开发生涯中，和其离开久保田公司之后在各不同行业做企业咨询师的生涯中，这个方法的有效性被多次验证。但是也不得不承认，有很多人对“零件减半，成本减半”的优质产品开发存在着不小的误解。人们往往在惊叹三木老师的“示意图（现场手绘的产品立体结构简图）”的精妙之后，注意力很快就被“零件减半，成本减半”的表面魅力吸引。三木老师在本书的开篇就不无感慨地指出，很多读过他的书之后，邀请他到企业去做技术指导的企业高管，往往简单地认为只要能实现书中提到的“零件减半，成本减半”，就万事大吉，企业也将高枕无忧。对此三木老师尖锐地指出，结出

“零件减半，成本减半”的果实需要相应的土壤，或者说“零件减半，成本减半”只是结果，至于得到这个结果的原因，则是本书所提倡的“DTC（Design to Cost）开发”。

“君子生非异也，善假于物也”。君子的本性跟一般人没什么不同，只是君子善于借助外物罢了。本书所提倡的“DTC 开发”就是面向工程人员们的“外物”，开发出优质产品的“利器”。尤其是“DTC 开发”三要素之首的“制造业现场学”中提到的产品“意识”、开发“方法”以及专业“技能”，不仅对新入职的年轻工程人员，即使对从业经验丰富的资深工程人员或者企业的领导者，也有很好的启示和借鉴意义。所谓产品“意识”，也可以理解为市场调查时的“顾客至上原则”，或者设计产品时的“上位概念思维”，譬如顾客购买电钻时，他们真正需要的很可能只是在自己家的墙上开一个孔，而不是电钻本身。因此，开发产品应该基于如何给顾客提供这个孔，而不应该基于优化电钻。而且顾客的需求并不是一成不变的，所以产品开发也应该具有灵活性。而产品开发的灵活性，源于对市场和新技术持续地保持开放的态度。以市场需求为出发点的产品开发一般被称为 Market In 型开发，而以技术为出发点的产品开发一般被称为 Product Out 型开发。虽然二者各有其优缺点，但本书相对来说更加提倡 Market In 型开发。在理解和掌握顾客需求，或者说拥有产品“意识”之后，下一步是怎么帮助顾客实现需求，也就是本书所说的开发“方法”。关于开发

“方法”，本书重点介绍了“IP（Impressed Point）提取”和“PP（Problematic Point）提取”这两个方法。“IP 提取”类似于“逆向工程”，也就是通过拆解市场上已有的优秀产品，了解其开发思维，掌握其产品技术，进而将之应用于自己公司开发的产品之上。还有一点尤其值得重点提及，本书的“IP 提取”，不限产品，不限行业，颇有些鲁迅先生的“拿来主义”的风格。“PP 提取”是一个与“IP 提取”相对应的概念，如果说“IP 提取”是找到优点为我所用，那么“PP 提取”就是找出缺点防患于未然。这两个方法可以说是“DTC 开发”中的开发“方法”的两大支柱，但想要做到这两点其实并不容易。换句话说，想要按照本书提到的开发“方法”进行产品开发，过硬的专业“技能”是必不可少的。在各项“技能”中，本书认为制图技能尤为重要。需要指出的是，这里说的制图技能并不是运用 CAD 的能力，按本书观点，CAD 能力可能更接近于“技巧”而不是技能。本书认为，在运用 CAD 制图之前需要有一个思考的步骤，这个步骤通过绘制“示意图”来完成。绘制“示意图”既是一个对自己的思考进行整理的过程，也是一个以“示意图”为技术交流工具的集思广益的过程，而且在这个过程中产品开发技术能在代际得到有效的传承。

在本书的最后一篇，有“日本制造业研究第一人”之称的东京大学藤本教授为本书做了十分精彩的解说。现今的实体产品开发或者说产品设计，基于开发过程中各零件或单元的开发人员之间的合作程度对产品性能的影响，可以大致分为两个大类，“整体优化型设计”和“标准接口型设计”。“整体优化型设计”一般是指汽车和其他机械产品，“标准接口型设计”一般是指个人电脑、手机等数码产品。前者同时也是日本企业拥有巨大“设计比较优势”的产品。三木老师的“零件减半，成本减半”的设计方法，显然是属于前者。有鉴于此，藤本教授以日本的汽车和其他机械产品在全球的崛起为背景展开了对本书的解说。日本的汽车产业，自冷战结束后至今，包括平成的30多年，一直得以维持活力，即使是在经济下行的逆境中，也仍然保持着顽强的生命力，而且整体实力在逆境中得到了提升。形成这个优势的一个重要原因，在学界一般被认为是“重量级PM（Project Manager）”制度。而“重量级PM”制度与三木老师在本书中介绍的“一气呵成体制”，拥有大致相同的理论基础。从“产品开发计划书”的起草到试制机的完成，甚至包括产量，PM拥有全权、负有全责的体制是实现“零件减半，成本减半”的优质产品开发的组织基础。

2021年4月13日

孟凡辉

目录
contents

第 3 章

通过“DTC 开发” 重塑优质产品

第 4 章

“DTC 开发” 与“制造业现场学”

第 5 章

根据“产品开发计划书” 来开发产品

第 6 章

“零件减半，成本减半”的实际案例

第 7 章
学习从“模仿” 开始

第 8 章
展望新制造业

第1章

强大的产品开发能力成就制造企业

1 制造企业的“核心”在哪里？

(1) 指导众多产品开发现场后的强烈感受

结束了在久保田的长达 45 年之久的产品开发工作之后，我开始了管理顾问工作，至今已经 10 年有余。这期间收到了很多读了我出版的三本书的读者的各种技术指导邀请。这些读者大多来自制造企业，希望得到的指导大部分都是关于如何快速降低成本。应这些邀请，我拜访了这些企业，并与企业的高管们进行了面谈。虽然很多人都是第一次见面，但我还是深切地感受到了这些企业的管理高管、开发高管以及销售高管们的强烈的危机意识。有些时候，他们甚至会直接把我带到他们的开发现场，详细地和我解释他们所面临的种种困境。

下面我简单地介绍一下这些制造企业的高管们在管理、开发以及销售等方面的“真实声音”。

- 核电设备（管理高管）：由于政府采购的持续下降，业务处于亏损状态，迫切希望在短期内扭亏为盈。
- 航天设备（管理高管）：为了实现火箭发射的商业化，成本需要降低至现有成本的十分之一。

• 印刷设备（管理高管）：因为美国和中国同行的产品竞争力越来越强，为了保住市场份额需要大幅降低成本。

• 车辆设备（开发高管）：最近一家德国的制造商开始扩大其在日本的销售渠道，这导致我们所面临的竞争压力与日俱增。

• 工程机械（开发高管）：随着关于尾气排放的新法规的出台，发动机价格暴涨，这极大地压缩了我们的利润空间。

• 运输设备（管理高管）：希望有机会系统地学习“DTC 开发”。

• 农业机械（管理高管）：希望自己的产品能够进军海外市场，但是苦于成本过高无法保证收益。

• 发动机（管理高管）：因为业务以 OEM 出口为主，降低成本的压力远大于自主品牌。

• 医疗设备（管理高管）：为了应对越来越激烈的竞争，需要在短时间内将核磁共振和 CT 的成本降低一半。

• 光学设备（管理高管）：希望得到三木老师的指导，提高海外子公司的制图水平。

• 真空设备（管理高管）：面对中国台湾同行生产的真空室质量不断提高的局面，苦无对策。

• 液压设备（销售高管）：想抢回被韩国厂商大幅抢占的市场，但是不知道该从哪里着手。

• 移动设备（管理高管）：希望将液晶产品的金属零件和所

需模具的成本降低一半。

• 电气设备（管理高管）：为了竞标，需要将智能电表的成本降低 50%。

• 家具（销售高管）：因为与竞争对手的竞争不断加剧，迫切需要进行大刀阔斧的成本改革。

• 办公设备（管理高管）：转移到中国生产也无法赢利，需要进一步降低成本。

• 火葬设备（销售高管）：为了在与其他公司的竞争中胜出，需要减少一半的零件，降低一半的成本。

• 弹珠机（管理高管）：为了应对弹珠机行业愈演愈烈的竞争，亟须提高中标率。

以上这些“真实声音”，大致可以分为 5 项：

① 重组建亏损业务。

② 使亏损产品转亏为盈。

③ 降低成本，提高中标率。

④ 计算成本和降低成本的技巧以及制图教育。

⑤ 指导“DTC 开发”。

对我来说，能得到邀请为企业提供指导，是一件很高兴的事。但是，高管们的心中所想和我的认知似乎有相当大的差距。简单地说，这些企业希望得到的指导大多是上述的①②③，很少有④和⑤。换言之，这些企业只是期待“零件减半，成本减半”的立竿见影的效果，而对不断带来这种效果的基础，也就是④和⑤，他们并不感兴趣。

当然，这也不难理解，邀请我做指导的这些公司基本上都处于亏损状态。有些公司即使整体上是赢利的，邀请我做指导的部门却业绩不佳。在这个过程中，尤其令我感到遗憾的是，通过参观和面谈我所能了解到的，往往只是一个个十分具体的情况和具体的问题。关于如何解决这些问题，或者说为了解决问题，企业准备制定什么样的政策，或者进一步说，在努力解决问题的过程中经历了怎样的失败，取得了怎样的成就，却很少能听到。我猜他们可能是这样想的，只要我能指导他们把“零件减半，成本减半”就万事大吉了。

依我看，这些企业对产品开发，非常缺乏危机感，或者说他们是处于温水煮青蛙的状态。就是我们常说的，如果把一只青蛙放进一锅水里，然后慢慢给水加热，即使水温升高，青蛙也会继续游动，在不知不觉中死去而不会跳离。

虽然制造企业的亏损是由各种各样的因素造成的，但一般来说，解决亏损的办法总是存在于开发部门。不知为什么，多数企业都想当然地认为，既然亏损的原因在公司之外，那么解决的办法也必然在公司之外。这样南辕北辙的想法往往导致赤字愈发严重，解决起来也愈发费时费力。

一些制造企业似乎也意识到了，解决问题之道在于产品开发，但在我看来，他们还是没有抓到问题的根本。面谈中我能感受到，这些企业也只是把产品开发当作权宜之计。换句话说，还仅仅是所谓的“防御性开发”，也就是常说的针对紧急问题的被动开发。

例如：

① 对现有产品进行增加新功能的修改设计。

② 以现有机型为基础，开发系列化产品。

③ 为处理质量问题采取的应急设计。

我非常希望能遇到一个能够大刀阔斧地进行创新的“积极开发”型制造企业，遗憾的是到目前为止我还没有遇到。

事实上，对于以降低成本为目的而进行的修改设计，大多数企业还是很踊跃的。问题的关键在于，这些修改设计项目中，所设定的降低成本的目标，往往只是努力目标。即使是努力目标，也通常在目标还没有达到时，项目就结束了。我估计，我所提倡的“零件减半，成本减半”，他们也可能从来都没有体验过。

(2) 为什么说开发部门是制造企业的“核心”？

我想问一下读者们：“大家觉得在制造企业里，哪个部门最重要？”

如果是由我来回答，我会不假思索地说：“是开发部门。”

因为除了开发部门，没有任何一个部门有能力进行产品的更新换代，或者通过创造世界上还没有的新产品来拓展新业务。

诚然，生产部门、销售部门、服务部门，以及统领整个公司的总部管理部门都是不可或缺的，但我依然坚定地认为，在一个制造型企业中，产品开发部门的作用和贡献远远大于其他任何部门。

我认为开发部门最重要的理由如下：

① 自由裁量的范围远大于其他部门。开发部门决定了产品的功能、性能、质量、成本，甚至开发时机。

② 通过开发出优于竞争对手的产品可以大幅度提升公司的经营业绩。

③ 不可否认，与制造、销售、服务等部门之间的合作当然也是必要的，但开发部门往往在推动公司的结构变革中发挥核心作用。

④ 开发部门的产品开发能力对其他部门的生产效率有很大的影响。

⑤ 虽然其他部门的努力也可能会产生暂时性的效果，但从长远来看，只有开发部门创造的“产品”，才会创造出显著且具有持续性的业务成果。

但不得不承认，不同企业之间的开发部门的开发能力往往存在巨大差距。

比如，功能、性能、质量大致相同的产品，由于开发能力的强弱，产品的零件数量和成本会有很大的差异。此外，开发人员个体的开发技能也很容易产生差距，从这个角度来说，开发人员有必要像运动员一样，进行战略性的持续训练。

(3) 那些重视开发的制造企业

几天前，我去某大型运输设备厂的开发现场，进行了一场关于“DTC 开发”的现场指导。这是我第一次去这家公司，但当我到达时，偌大的厂区一角，竟然早已聚集了 120 名学员。

我对参与人数之多感到很惊讶，因为一般情况下，人数最多也就 30 人左右。当我问该公司总经理为什么有这么多人时，他回答说：“我想让尽量多的人了解产品开发的重要性。”所以本次参与的人员，虽然以开发部门为主，但也有不少人来自制造、材料、采购、销售等部门。

该公司总经理说，通过读我的书，对产品开发在制造企业中的重要性有了新的认识。虽然是第一次指导，总经理就明确表示，要举全公司之力来实践“DTC 开发”，这样的热情令我大为感动。

因为参与的人员不限于开发部门，所以我的指导，就需要做得更容易理解。因此，我把当天的指导限定在大家在看产品时，首先就会注意到的产品的外部结构上。以外部结构为开发主题，我给出了一个“零件减半，成本减半”的具体方案，并以示意图的方式呈现。在实际产品前的办公桌上有一张白纸（A3 大小），我现场在纸上画了这张示意图，并将其投影到墙上。

示意图的布局是这样的，在白纸的左上方画出当前结构，在白纸的右下方画出“零件减半，成本减半”后的新的结构。

同时，在两者之间的位置，以十字形极坐标的形式显示出当前结构与新结构的差异，使“零件减半，成本减半”的效果一目了然（见图 1-1、图 1-2）。

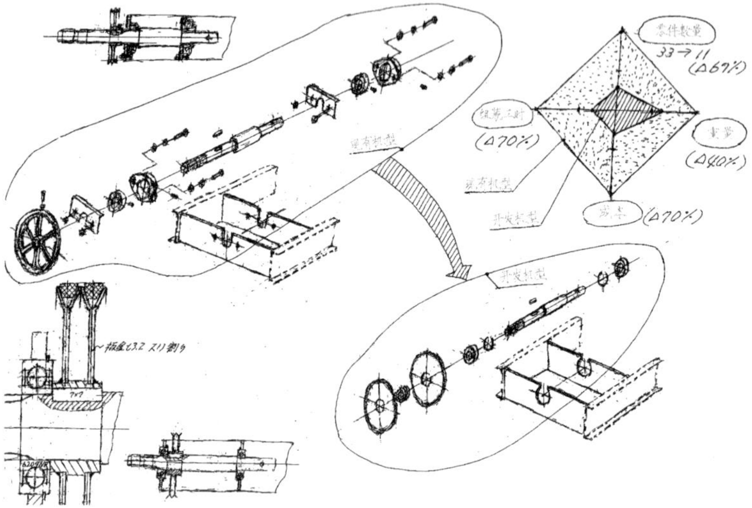

图 1-1　示意图（外置传动）

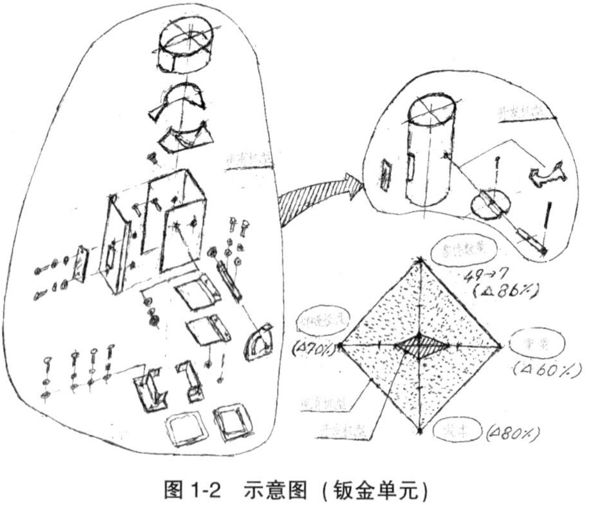

图 1-2　示意图（钣金单元）

另外，这次指导的尤其可贵之处，在于开发部门之外的其他部门人员的参与。通过这样的参与，更多的部门、更多的人认识到了产品开发的重要性。

2019 年 1 月底，应韩国某重型电机制造企业的邀请，我在该公司做了一场关于“DTC 开发”的现场讲座。出乎我的意料的是，这家公司竟然将我的书翻译成了韩文，制作成厚厚的小册子并配上插图，提前发给了所有参与人员。

由于是第一次来这家公司，我首先去和公司的总经理打招呼。令我惊讶的是，我一进总经理办公室，总经理就用流利的日语对我说：“三木老师，我们一直在等你。”他脸上露出了灿烂的笑容，用力地握了握我的手表示欢迎，并让我在他桌上的两本书上签名。

这是专门从日本订购的书，据说我的书已经在这家公司的高层中，成为一个话题。他还提到，之所以决定邀请我做讲座，就是因为他认识到我书中提到的内容恰恰是他们公司所缺乏的。他的一番话，让我感受到了这家公司对开发现场和产品开发重要性的认可。

当天，在很有限的时间内，我对高电压送电机进行了“零件减半，成本减半”的指导。当场得到的预估结果是，零件数量减少 66%（75 件→25 件），重量减少 30%，机械加工切屑量减少 50%，成本降低 60%。同时我也清晰地指出了，这个产品还有很多有待改进的地方。

这样公司的存在确实让我感到非常欣慰，但我又不得不承认这样的公司真的是少之又少。

（4）衷心期待企业重建产品开发现场

接下来我想请大家一起思考一个关于开发部门的人力资源的问题。在过去的四五年间，我每年都要去几次中国青岛，为当地的某家公司进行技术指导。在来回的飞机上总是能遇到几位日本工程人员。他们以产品开发人员为主（其中还有几位是大型制造公司的现任科长），正在考虑转职到中国公司工作，大多是在 Skype 上通过了第一轮面试，然后前往中国参加第二轮面试。

在飞往青岛的飞机上，我们只会点头相互问候；但在回日本的飞机上再次相遇时，我们会简单地交流。后来，他们中的一些人还一直和我保持着联系，我也通过电子邮件在一定程度上了解到了他们在中国的工作。从这些交流中，我感受到了中国企业对产品开发的非凡热情。

其中的 F 先生是我大概在五年前认识的，他从一家日本大型工程机械制造公司转职到了中国本土的公司。经过在中国第二次面试并被录用后，他马上发邮件问我，能否参观久保田的发动机工厂。我告诉他，我不方便作为久保田的前员工，给他特殊的照顾，但是可以给他介绍一个面向社会的工厂参观。通过我的介绍，他参观了久保田筑波工厂的柴油发动机组装生产线。

还有一位在日本某大型汽车制造厂工作的 S 先生，在第二次面试后，与中国的一家汽车相关厂家签订了一年的劳动合同。此后，因为他的工作表现得到了认可，已经续签到了第三年。他主要负责汽车的外观设计工作。

他们工作的中国企业，都是以开发部门作为公司管理的核心。

我最近在日本也听到了类似的事情。Y 先生是我指导的某家电气设备厂的骨干之一。但是不知道为什么，他突然不参加技术指导会了。当我问其他人，Y 先生为什么没来时，Y 先生的一个同事悄悄地告诉我，他几个月前被竞争对手挖走了。鉴于涉及个人信息的原因，我无法详述这件事。但是，包括这件事在内的种种迹象都预示着，我们似乎进入了一个新时代，在这个时代里，企业展开了对优秀产品开发人员的激烈竞争，就好像球队对队员的竞争。

不只是发明蓝色发光二极管并获得诺贝尔奖的中村修二，和开发出二维码并推广到全世界的电装岩波公司的原正弘那样的顶级开发人员，即使像 Y 先生这样在普通制造企业工作的开发人员，也被竞争厂家盯上了。

2018 年 3 月，我应一位来自印度的在读研究生的邀请，有幸在他就读的大学做了一次“成本开发”讲座。据该同学介绍，邀请他来日本并负担其留学费用的公司是一家机器人制造公司，毕业后他将进入那家公司工作。

接下来，我想再介绍一个我的亲身经历，这次经历令我自身也重新认识了产品开发的重要性。应东京某大学经营学科的一位教授的邀请，我以“制造业现场学”为题，给他的学生做了一次 90 分钟的演讲。

我是带着些许犹豫去的，因为我不知道该怎么给 60 多个没有工作经验的学生讲解这些。好在我之前曾在几家公司讲过这方面的内容，也积累了一些 PPT 投影资料，于是我从其中选取了一些基础的内容、基本的制造工艺，再结合我多年的实践经验，给学生们讲了这节课。

课结束后，没有什么人提问，我感到有些失望。然而，两周后，所有听课的同学都提交了听课感想给我，这些听课感想让我非常高兴，有些甚至让我不知不觉间落了泪。下面简单介绍几位同学的感想的部分内容。

“我现在正在找工作，因为从三木老师的课中感受到了制造业的巨大魅力，所以我改变了求职方向。”（一个男学生）

“在三木老师的课中，我感受到了日本制造企业的魅力，打算毕业后留在日本工作。”（一个泰国留学生）

“能听到如此有趣的课，很开心，日后也想从事与产品开发相关的工作。”（一个女学生）

原本我还担心无法将“产品开发”的知识传达给年轻的学生，但当我读到他们的听课感想时，我感到很欣慰，就好像看到了近半个多世纪之前刚刚开始产品开发工作的自己。

如上所述，这些重视产品开发的企业、这些喜欢产品开发的人让我很受鼓舞。同时又不得不承认，在我走访的企业中，还是那些不温不火的开发现场占多数。从这些开发现场相关人员的言谈举止中，我可以想象出，那些公司的各部门之间的权力关系和业务流向，和他们给我看的内部组织结构图上所示的一定很不一样。

换句话说，在很多公司，开发部门的地位是比较低的。制造、销售就不用说了，甚至和服务部门一起解决售后质量问题时，开发部门也往往很被动。至于面对总部的管理部门时，那就更是被动。

虽然开发预算的分配和开发人员的分配都是由公司总部全权负责的事情，但很多公司在分配预算时，仅仅只是参考过去的业绩，很显然这些公司并没有意识到产品开发的重要性。我衷心希望这些公司的负责人能读到这本书，并且能够重新审视自己公司的产品开发部门。

2 制造企业60%的收益源于产品开发

(1) 变动费取决于“图纸”的质量

虽然根据行业类型的不同会有一定的差异，但是一般来说，制造企业的60%的收益产生于产品开发部门绘制的“图纸”。

换句话说，一个典型的制造企业的产品成本结构是下面这样的。

销售价格=变动成本（60%）+固定成本（30%）+营业利润（10%）

举个例子，如果一个产品的售价为100万日元，那么变动成本为60万日元，固定成本为30万日元，营业利润为10万日元。

这里的变动成本是指生产一个单位量所需的成本，如果生产两个单位量成本就是两倍。换句话说，由“图纸”而产生的任何费用都是变动成本。

变动成本=①材料成本+②加工成本+③折旧成本+④外购件成本+⑤组装成本+⑥包装成本+⑦运输成本

固定成本如下式所示，是指整个成本中不受单位数量影响的部分，用它除以单位数量来换算。

固定成本=开发固定成本+制造固定成本+销售固定成本+总部固定成本

开发设计人员要能够计算出自己所绘制的每张图纸的各项变动成本，比较常见的是以下7项：

① 材料成本；

② 加工成本；

③ 折旧成本；

④ 外购件成本；

⑤ 组装成本；

⑥ 包装成本；

⑦ 运输成本。

熟知这些成本，是成为一名合格的开发人员的前提。如果跳过计算成本这一步，而将其直接交给成本控制部门或专业部门，就无法完成优质的产品开发。

关于变动成本，有一点非常重要。变动成本会根据开发阶段设计的图纸的质量，而发生很大的变化。从这一点也可以看出，开发部门的责任范围确实很大。

换个角度看，如果一个产品是5年前开发的，那么通过对该产品进行“设计修改”，可以将变动成本降低30%。那么对一个销售额为100亿日元的产品，18亿日元的成本改善是完全可能的。这也是本书所提倡的“DTC开发”的基础。

你可能会问，5年前开发的产品，为什么能够降低30%的变动成本呢？其实理由很简单，如果我们能与时俱进，及时地了解先进的工艺技术，掌握新设计思路，并将它们运用到产品开发中，那么降低30%的变动成本其实是一个非常合理的目标。

我在久保田担任课长时（大概40年前），倡导过“Cost Quota”（降低成本25%）开发，并在公司内部进行了推广。但是，这个目标很快就过时了，超额完成任务逐渐成为常态。所以，现在的目标是“成本减半”。

机械工业的技术，由于其背后物理学的基本原理一般不会发生大的变化，新技术得到了持续的开发，之后这些新技术又不断地补充到了拥有相同物理学基础的现有技术之上，从而形成了很多具有很高实用价值的高新技术。

这一点，如果每隔两到三年拆解、检查一下竞争激烈的汽车和家电产品就能感受到。通过学习先进的技术和思维方式，并以此来解决我们自身的问题，针对5年前开发的产品，减少30%的变动成本完全不是问题。这就是所谓的协同效应，把行业的先进技术融入开发人员自己负责的产品开发之中，为我所用。

但在 IT 领域，技术的创新程度与机械工业显著不同。几年前的技术在今天的产品开发中往往已经完全没有用武之地。一家大型 IT 公司的总经理曾经悄悄地告诉我："这个我不能公开说，其实按内部规定，我们开发团队的退休年龄是 33 岁。"

(2) 如何把变动成本降低 30%？

如果我们仔细看一下变动成本的构成，就能理解为什么一个 5 年前开发的产品可以降低 30%的变动成本。

(2-1) 材料费

这里的材料费是指零件加工前的原材料的成本。当材料为钢铁材料时，一般从强度的角度来确定材料的种类、粗细、厚薄。但从成本的角度来看，尽可能使用市面上已有的材料更为有利，特别是对于使用量大的材料，在决定是否使用之前，一定要彻底进行市场调查。在钢材市场上，有一些超出想象的低价材料。

根据我的经验，原来每千克 160 日元的方形管材，在有些新成立的材料厂家，价格可以降到每千克 80 日元，这几乎与板材的价格相同。由于方形管材是通过对钢板进行多次加工制造的，从常理上讲，其价格要比板材贵。但现实中确实就有这样的廉价材料。这就是我们不受常识束缚，追求广泛的可能性的好例子。

为了降低材料成本，设计出的零件形状要尽可能减少作用在这个零件上的力。这样，就可以用少量的材料来承受很大的力。这个设计理念是基于以下的逻辑。

作用在零件上的力主要是 3 项：

① 压缩力；

② 拉伸力；

③ 弯曲力。

设计的零件要尽可能地只承受压缩力和拉伸力。因为，相对于压缩力和拉伸力，材料承受弯曲力时，会变得非常脆弱。

假设有一根直径为 1 毫米、长度为 10 毫米的铁丝，纵向拉动，很难将其拉长，而如果想压缩它，那就更加困难了。但是，如果用左手食指和拇指抓住铁丝的右端，右手食指和拇指抓住铁丝的右端，并且试着弯曲铁丝，这时只要稍稍用力，铁丝就会弯曲。

一般来说，为了防止线材弯曲，需要将其直径做得更粗。换句话说，在弯曲力起作用的结构中，需要更多的材料来防止它弯曲，这也直接造成了材料成本的大幅增加。

如果从这样的视角来观察自行车，就会发现自行车上融入了很多使其轻巧、坚固而且廉价的技术。在材料的使用上，自行车的设计通过很好地利用①压缩力和②拉伸力，最大限度地减少了③弯曲力。就像上面提到的，当对车轴施加动力时，因为增加了扭转和弯曲的力矩，材料会变得十分脆弱。所以，为了提高零件的强度就必须使用更加厚重的材料，但这样会导致增加材料成本；也可以通过淬火热处理提高材料的强度，但这样做会提高加工成本。就自行车而言，因为其精巧的设计，这些可能提高成本的问题都被巧妙地避免了。

在修改设计图纸时，“读力”是很重要的。看看力是如何作用在零件上的，并加以改进，就可以大大地降低材料的重量和加工成本。

(2-2) 加工费

减少加工工序和切削屑的设计也是很必要的。理想的设计是材料成本为1，加工成本也为1的1比1的关系。如果生产量比较小（一般是年产量小于6000台），材料成本为1时，加工成本很可能会达到2甚至3。所以，产量小的产品尤其需要优化设计。

此外，在设计零件时，要做到尽量不使用专用机床或专用夹具。这样可以避免加工设备的投资导致的成本增加。

(2-3) 折旧费（模具/夹具）

对于产量较低的零件，折旧的负担是一个大问题。在决定使用成本较高的钣金冲压模具、铝合金压铸模具、树脂成型模具、焊接夹具和组装夹具之前需要深思熟虑。虽然在会计上，模具和夹具的成本作为固定成本来处理，但在开发中，应将其作为变动成本处理。

模具和夹具的折旧年限一般是由每个公司或行业自行决定，

大多数情况下是三年。在涉及不属于新开发的更新开发项目的情况下，如果现行模具还有折旧余额，那么这个折旧余额需要加到更新开发项目中。

(2-4) 零件采购费

从专业厂家采购零件时，如果是之前采购过的零件，那么一般情况下成本会保持不变，有时也会因为材料涨价，导致成本上涨。

无论是更新开发还是新开发，通常都有严格的开发指标。对于采购的零件，一般设定的目标是比之前购买的同等零件成本降低 30%。具体的成本降低方法会在第 6 章介绍，一般来说，可以通过比较 5 家供应商的竞争性报价，实现这一目标。

在零件采购领域，各大专业厂商拥有很大的话语权，再加上多方利益交织其中，价格稳定于高位是常态。要想在这种情况下有所突破，与各个相关方都没有“羁绊”的开发部门往往能发挥积极的作用。而物资、采购等部门，一般都或多或少地受制于这种“羁绊”。

(2-5) 组装费

这是直接由制造部门产生的成本，但说实话，根据开发阶段的图纸质量的高低，零件的数量、组装的时间以及成本会有很大的差异。实际的产品，零件数量不可能为零，但在极端情况下，如果将零件数量降为零，组装成本就可以降为零。从这个思路来看，零件数量越少，组装时间就越短，成本也随之下降。

大家知道在参观工厂时听到的吧嗒吧嗒声是什么声音吗?一般来说，这是组装工人用冲击扳手拧紧螺栓和螺母的声音。这也从侧面说明，组装成本中的大部分是组装工人的人工成本。

例如，厚度为 8 毫米、颈部以下 25 毫米的螺栓，一颗螺栓的材料和加工成本约为 1.5 日元，但组装时拧紧它的成本是 23 日元。当然拧紧成本里也包括冲击扳手和驱动它的气源的成本，但不可否认大部分成本是人工成本。

由于零件的累积误差，在流水线上有一些零件在组装时需要调整。进行这样的调整需要相当长的时间，这也提高了组装成本。

很多组装线积极地引进机器人，机器人虽然可以缩短组装时间，但如果考虑到折旧费用，组装成本可能反而会提高。

所以，降低组装成本最有效的方法是，通过开发人员的智慧，在产品的开发阶段减少零件的数量。

(2-6) 包装费

包装费根据产品是否设计成便于包装的形状而有所不同。另外要看包装材料是用木材、树脂板还是钢材。如果需要使用货盘，那么根据货盘是一次性的，还是可重复使用的，成本差异也很大。

如果把上面提到的这些决定权交给外部运输商，成本就无法降低。开发部门需要从设计阶段就开始考虑包装成本。

在我过去进行的一项针对出口到美国的产品的开发中，一次性包装的费用就是每年几亿日元。我仅把包装改成可回收的货盘，货船回程时送还，就减少了一半的成本。当时，这个改动得到了公司的高度评价，我还被委派到物流部门，指导他们设计货盘。

（2-7）运费

运输成本也主要是由开发设计阶段决定的，一辆 11 吨的卡车能装多少？一个 40 英尺的集装箱能装多少？这是由设计阶段所设定的产品轴距（轴与轴之间的距离）和轮距（车轮中心之间的距离）来决定的。

一般情况下，出口到海外的产品，采用船舶集装箱运输的成本低于国内陆路卡车运输的费用。但因为船运的运输时间较长，需要考虑集装箱内的温度、湿度、盐害，以及货物到港后，因为使用吊车卸货，而可能会出现的集装箱落地时受到的冲击所引起的质量问题。

特别是涉及海外运输，由于所需时间较长，出现各种各样的问题的可能性会变大。好在随着管理技术的不断进步，这方面的问题在日益减少。下面我介绍一个我有幸读到的一位开发前辈的回忆录。这是一个关于海外运输的很好的例子。

大约 40 年前，丰田汽车公司通过跨洲铁路，将出口到美国的汽车从洛杉矶运到芝加哥。然而汽车在芝加哥销售时遭遇到了投诉。投诉的内容是，汽车行驶时前轮有异常的响声。丰田公司马上从日本总部派遣了一名开发人员来调查情况。这位开发人员把一台测振仪器装在一辆运输这批汽车的货运汽车里，自己也随车，整整 7 天从洛杉矶一路调查到芝加哥。调查结果的概述如下。

“汽车前轮着地，垂直地固定在没有车顶的货运汽车内。货车在行驶过程中产生的震动和晃动造成汽车持续前后摇动。因此，前轮轴的圆锥形滚轴承持续在同一位置摩擦，导致磨损不均匀。此外，由于前轮轮胎和轴承持续在同一地方碰触和晃动，发生了‘塑流’现象（当载荷长期并持续作用于同一位置时，引发的变形）。因此，这些汽车在行驶时，每次前轮转动都会产生异常的噪声。”回忆录里详细记述了如何处理这个问题，但碍于篇幅，在这里我不赘述了。

“在意想不到的地方会发生意想不到的事情，这在制造业是比较常见的。为了避免这种情况的发生，必须制定严格的质量控制体系，出现问题后尽可能采取完善的措施。”

第 2 章

总经理不知道产品开发的现实状况

1 被不断弱化的产品开发现场

(1) 能力不够的开发人员普遍存在于各大制造企业

近10年来，我走访和指导了很多厂家。在这些厂家，我强烈地感觉到，开发人员的开发能力，尤其是年轻的开发人员，明显地表现出越来越弱的倾向。即使是那些看起来有着不止10年开发经验的人，也往往出人意料地缺乏基础知识，让我不禁怀疑他们在大学里学到了什么，在职场上又学到了什么。以这个水平，我认为他们最多只能简单地套用现有的技术，而不可能胜任开发新技术的工作。与其称他们为开发人员，不如称为操作人员更合适。

这样的开发人员尤其在大型制造企业更为常见。他们似乎是一群从其他部门临时调来凑数的人，当你听他们之间的对话时，能感觉到明显的隔阂，上下级之间的指挥管理系统和权责关系也不是很明确。这个问题又在上级不直接参与开发工作的现场更为突出。

我收到过一封一家大型医疗设备制造厂的厂长发来的邮件，

在邮件中他是这样感叹的。

“在我年轻的时候，公司里有很多资深员工。特别是在机械领域，由于是以经验为指导方针，资深员工们有着很大的权威，和我同龄的年轻人也以这些资深员工为努力目标。然而，随着时间的推移，分工的细化，作为设计人员的责任范围在某种意义上也变得不明确。正如三木老师在书中提到的，设计人员在进行开发设计工作时，还应该考虑到该产品的营销和制造，但是现实情况是，越来越多的设计人员认为自己的工作仅限于制图。”

就像这位厂长说的这样，我认为这也是很多日本企业共同面临的问题。在此，我对这位厂长冷静地将现在的开发现场与过去的开发现场进行对比后总结的真挚话语表示感谢。

（2）被弱化的产品开发现场的实例

以下是我在走访制造企业中看到的被弱化的产品开发现场的例子。

① 部门内，没有一个人有完整地开发过一个产品的经验。

一般来说，在装备行业有不少这样的公司。这些公司的主要业务是，先引进海外的产品然后进行修改设计，使之适应日本市场。因为没有对整个产品进行全新设计的想法，而只是追随海外产品，所以在这样的公司，开发工作往往得不到重视。

② 虽然研发设备精良，但只是反复地进行和开发目标相背离的实验。

从战后到经济高速增长的这一段时间，发动机辅机产品的制造和销售业务取得了长足的发展。

在过去，人们普遍认为取得这样成就的原因在于，研发是在接近实际使用条件的环境下进行的。我访问的这些公司的开发现场却完全不是这样。在这些开发现场，一直重复进行着与客户实际使用条件相背离的开发实验。这完全称不上是实用开发。

以汽车尾气实验为例，虽然在实验台上不计成本地做了大量的研究，但市场上的实际使用条件根本没有被体现出来。例如：

- 尾气排放实验，根本没有使用发动机实际排出的尾气。
- 尾气的实验温度与实际温度不符。
- 没有模拟发动机的振动。
- 尾气的流量、流速与实际有明显差异。
- 散热器风扇的空气流量与实际不同。

③ 几乎不画等比例尺的图纸，制图不规范。

在这里谈谈制图。因为 CAD 系统的推广，制图本身得到了大幅简化。但这导致了开发人员制图能力的弱化。即使是在顶级的公司，也还有人在用 30 多年前的老方法来制图，是与 JIS 标准、ISO 国际标准都不相符的老方法。不得不承认，有很多设计人员不是在用 CAD，而是为 CAD 所用。所以，进行 CAD 使用方法的培训是很有必要的。

④ 很多开发现场并不了解产品的客户实际使用情况。

开发中最重要的是，开发的产品要能够解决客户的问题。要实现这一点，就必须深入市场，了解该产品的实际使用情况，发现产品在使用过程中出现的问题。而实际上，开发人员因为满脑子都是日常琐事，又经常被公司内部其他部门的意向左右，慢慢地变得只关心公司内部的工作，从而在不了解客户实际上如何使用的情况下，开发产品。

产品开发的细化分工也导致开发人员与客户的距离越来越远。所以，很有必要建立一个能够收集客户需求的开发体系。

⑤ 开发人员的产品“意识”和积极性都在下降。

产品开发工作的乐趣越来越小。在很多公司，岗位被细分为某某事业部、某某技术部、某某科、某某组，某某负责人。如此这般，导致很多时候工作只是在走流程。

对于开发人员来说，产品“意识”和开发意愿是他们从事开发工作的源泉。所谓产品“意识”，就是预估产品是否会对顾客产生吸引力，是否会给公司带来利润。所谓开发意愿，就是实现产品研发的“意志”和“行动力”。

而产品“意识”和开发意愿的精神支撑，一定是开发工作所带来的乐趣。那么，乐趣从何而来呢？以此为线索，可以勾勒出这样一个生产现场的场景。

在生产相对较小的产品（如复印机）的工厂中，有一种没有输送带的组装方法，一般称为“单元生产法”。在这种方法中，一个组装工人的周围放有组装这台复印机所需的一整套零件，组装工作也由这个工人独自完成。

与使用输送带的组装线相比，采用这种方法，既能大大提高生产效率，也能提高组装质量。此外，组装工人的生产积极性也会提高，因为他们组装的产品是直接交付给客户的，通过产品来面对客户进而萌生了“制造”的乐趣。当然，提高生产效率和质量的效果一般仅限于生产小型产品。

开发工作也和“单元生产法”有共通之处。通过实地学习，理解什么是开发工作，就能设定合理的开发目标，然后为实现开发目标而努力，并享受实现目标所带来的乐趣。

然而，当我走访制造企业，在接触企业的年轻开发人员时，总是能听到以下的抱怨：

- 知道自己缺乏基本的开发设计知识，但没有人教我。
- 开发的目的和目标不明确，导致出现大量重复性工作。
- 会操作3D-CAD，但是看不懂三面图。
- 明白成本的重要性，但是不会计算成本。
- 只能在自己已知的专业领域内工作，不知道怎么学习新的技术。
- 有能力驾驭现行技术，但在面对新技术时没有信心。
- 做的所有工作都是别人安排好的，而不是自己计划的。

- 因为过去质量投诉的经历，面对新的挑战时心有芥蒂。
- 不善于与他人合作，喜欢独自思考和工作。
- 能力和业绩没有在人事评价中得到适当的反映。

2 弱化始于 CAD 的普及

(1) 普及 CAD 的是与非

在这里，我根据自身的经历和见闻，试着分析一下导致开发弱化的原因。

在我看来，开发弱化的第一个因素是在 20 世纪 70 年代随着个人计算机和 CAD 引入，所导致的开发形式的改变。换句话说，随着绘图板从设计现场的消失，开发部门的集体凝聚力开始减弱。

CAD 的引入带来的直接结果，开发部门的主管或开发项目经理无法像在绘图板上那样，而是在 CAD 屏幕上了解下属的实际工作情况。所以，他们既不能及时掌握下属的工作情况，也不能进行有效的日常指导。主管和经理们坐在办公桌前静静地敲打着键盘，制作着文件，渐渐地成为常态。他们因为没有机会将自己的技术传授给下属，最终带着高超的技能到了退休年龄。

另一方面，开发人员待在一个被称为 CAD 室的单独房间里

（现在，CAD 室和办公室是同一个房间的情况也很常见）。每个人在自己的小隔间内，面对一个 A3 大小的 CAD 屏幕进行着周而复始的制图工作。

当上级来看 CAD 屏幕时，即使他一直盯着 CAD 小屏幕上的非等比例尺寸的图纸，也不可能马上看懂，能看到的往往只是各种颜色的复杂线条的重叠。因此，经验丰富的上级的制图技能完全没有用武之地，制图工作只能依靠开发人员个人的技能。

一般情况下，在 CAD 电脑旁边会放置一台个人电脑，用来在互联网上搜索技术问题。这虽然很方便，问题在于收集到的信息都是已知的，想单单凭借这些已知的信息来开发全新的行业顶尖产品无异于异想天开。

（2）绘图板与技术交流

在绘图板上制图的年代，所有开发人员，包括部门负责人和科长，都会聚集在同一间大办公室内。在这件办公室里，并排放着很多块 A0（约一平方米）的画板，面对着贴在画板上的，一张张描纸上的用铅笔手绘的等比例尺寸的图纸，开发人员和上级一起，一边看图纸一边就图纸上的问题交换意见。上级们没有时间坐在自己的座位上，因为看着绘图板上的图纸，并且随时给下属们提供反馈意见占据了他们大部分工作时间。

当年轻的开发人员制图的手停下来时，他的上级或者经验丰富的前辈，会无声无息地走到他身后，提供帮助。他们会说："这样做不是更好吗？是这个吗？这样怎么样？"他们经常通过在图纸的空白处画上一张示意图，给下属或后辈提示。

就我个人的经历来说，得到提示的那一刻，我真真切切地意识到了上级和前辈们的了不起。我对自己说："我会更加努力的！"也有这样的时候，我辛辛苦苦绘制的新结构图引起了上级的注意，他说："哦，这个好极了！"

得到夸奖的那一刻，一切辛苦都烟消云散，剩下的只有开心和满足感。

技术及技巧必须由上级和前辈手把手传授给年轻员工，并在公司内部持续积累，这样才能形成良性循环，为企业的发展提供力量的源泉。

然而在依靠个人能力的开发模式中，主管是在图纸完成后才第一次看到图纸。到这时才指出问题，提出改进建议，会造成大量的时间损失和开发人员的心理负担。

我们不能忽视这样一个事实，个人计算机和CAD的使用导致的开发环境的这些变化，淡化了上级、前辈、同事之间本该有的沟通，阻碍了技术的传承，削弱了企业的开发能力。为了传承技术，我们必须恢复交流的场所，哪怕是和以往不同的形式。

（3）3D-CAD给检查图纸带来困难

此外，还要指出的是，近年来，从2D-CAD到3D-CAD的升级，带来的第三方检查图纸的难度加大。由于2D-CAD是利用三面图（主视图、侧视图、俯视图）的二维绘图方法，一般来说检查图纸的负担就比较大了，但是现在3D-CAD让检查图纸变成了几乎不可能完成的工作。

通常，产品设计的制图有五个阶段：

① 附在“产品开发计划书”中的“基本计划图”(全体图)；

② 按功能和区块划分的具体“计划图”；

③ 单个组件的“零件图”；

④ 组装图；

⑤ 售后服务用的零件清单。

其中，在使用2D-CAD绘制①—④的过程中，只要把图纸打印出来，通过按部就班确认各个事项，就可以完成检查图纸的工作。

3D-CAD可以根据单个零件或零件之间的实际情况组合，表示为三维立体图形。在设计时可以一边设计单个零件，一边检查与相邻零件的干涉情况，而且任何位置的截面形状都可以即时显示。这种便利性使其成为当前设计和制图的主流工具。

特别是做外观设计时，因为可以随时检查任意方向的设计效果，3D-CAD 已经成了不可缺少的设计工具。

此外，3D-CAD 的数据不但可以用于强度、变形、振动等结构分析，也可以通过与制造厂、模具制造厂共享数据为生产环节提供帮助。

不可否认，具有如此丰富功能的 3D-CAD 确实是一个非常方便的制图工具。但是，当第三方检查图纸时，情况就大不一样了。因为三维的图纸很难看懂，所以检查图纸时需要花费很多时间，极为不便。

当然这不是 3D-CAD 的问题，而是设计人员使用 3D-CAD 的经验不足，导致图纸表达能力差的问题。如果设计人员拥有丰富的经验，同样是使用 3D-CAD，也完全可以把图纸绘制得通俗易懂，便于进行检查。但问题在于，在开发现场，并没有要求设计人员达到这样的水平。现状是，设计人员的能力直接影响图纸的质量，如果设计人员能力不佳，那么他绘制的图纸可能只有他自己能够理解。

在我走访的厂家中，不管是大厂还是小厂，这个问题都已成为瓶颈问题，迫切需要得到妥善解决。因为，仅凭开发人员的个人思路，前辈的经验技巧完全没有得到体现，这使得开发的弱点暴露无遗。

使用 3D-CAD 本身没有问题，但是需要引入与之相配套的检查图纸的机制。

（4）宝贵的开发经验留在了前辈们的脑海里

过去的开发过程中的经验形成了很多鲜活的数据，但这些数据往往都留在了开发主管和前辈们的脑海中。

有句话叫“图纸就是基因”，按照零件图纸制作零件，再按照组装图进行组装，就能做出同样的产品。不过，比做出同样的产品更重要的，是要理解图纸的意义。理解那些藏在图纸里的开发技巧，而技巧是依附于设计它的人身上的。所以，技术的传承是“从人到人”，而不是“从图纸到图纸”。

说到技术传承，这里介绍一个案例。有一家我正在为其提供技术指导的建材加工厂，请我给他们介绍一个能熟练改造加工机械的人。这家公司有很多加工细长材料的机械，但因为这些机械分散在工厂的不同地方，各工序之间的物料搬运成了一个大问题。目前，他们把长长的半成品装在叉车上搬运。理想情况是，从原材料的输入到成品的输出，能够像河水流动一样流畅，但这需要对加工机械进行改造。

我刚好认识一个这方面的人才，但在和这个人谈这件事时，他直接回绝了我。因为，他已经和另一家公司签了约，而且工作排得很满。

另外，还有一家机床厂，希望我帮忙介绍一个可以使用通用车床的人。近年，很多人只会使用，只需按按钮的 NC（数控）车床。但这家厂认为，如果不懂车床工作的基本知识，就无法开发出好的产品。所以希望我介绍一个这方面的人才。但是因为这家厂在山形县，而那个我要介绍的人住在大阪府，所以也没有能够介绍成功。

在这种对有经验的“制造工艺”人才的旺盛需求的大背景下，似乎出现了“从模拟技术到传统工艺回流”的现象。在按下按钮就能实现事先设定好的处理内容，敲击键盘就能瞬间绘制出图纸的数字时代，对那些拥有几乎已经失传的技能的人似乎有了新的需求。拥有这样技能的人我们一般称之为“匠人”。

在人们呼唤百岁人生、70岁退休的当下，可以说拥有过硬技术的年长者的施展空间正在不断扩大。

（5）人力资源的流失

当CAD代替绘图板时，一个意想不到的大问题发生了。大量经验丰富的开发人员离开了设计和制图工作。

用CAD制图时，不需要铅笔、尺子和圆规，敲敲电脑的键盘就可以完成制图。初学者也可以很快绘制出和有10年经验的人一样粗细的线条、数字和字母。

在手绘的年代，只看图纸上的线条，就能很容易判断出这是谁画的图。画出同样粗细的线条，能够把线与线之间的连接画成一条线而没有任何偏差，达到这个水平大概需要两年时间。

开发工作中最耗时耗力的就是制图。所以，把用铅笔和圆规在描图纸上完成的制图工作改为用CAD在电脑上完成，这确实是重大的变革。制图是一项劳动密集型的工作，以至于过去有过一种被称作“描图”的工作，旨在帮助设计人员减轻手绘图纸的负担。

熟悉绘图板的经验丰富的开发人员对CAD这个新工具有很强的抵触情绪。再加上早期的CAD使用起来并不方便，画一条线就需要几秒钟的等待时间，在进行移动图形等操作时，等待屏幕变化的时间更长。年长的和即将升迁到管理岗位的人员中，有意避免使用CAD的现象尤为明显。他们一般都转而从事设计管理、开发管理、质量控制等不需要绘图的行政工作。

那时候，恰逢日本各公司大幅拓展海外销售渠道，开发人员要经常带着自己开发的产品到海外出差，进行实地勘察。经过一两个月的海外出差回来后，差不多都忘了该怎么操作CAD了。有的人甚至因为嫌麻烦而重拾绘图板开始手绘图纸。

另一方面，年轻的开发人员却非常积极地开始使用CAD，因为使用CAD让他们很快就能画出和前辈们一样整齐的线条、数字和字母。

引进CAD的投资费用很高。在引进CAD的最初几年，每当CAD版本升级（升级为更高性能或新机型）时，公司会系统性地把一部分绘图板更新为CAD。而这几年间，也是CAD和绘图板的并行期。

我自己也是不适应CAD的人之一。然而，我却抵挡不住同事们逐渐转向CAD的潮流，CAD也日复一日地逐渐取代绘图板，最终在2000年，久保田的绘图板完全被CAD取代。昔日的年轻人也已经成为产品开发的主力。

不可否认的是，在这个转变的过程中，流失了大量宝贵的人力资源。对此感到痛心的应该也不止我一个人。

（6）先是IT化和CAD化，然后是AI化

制造企业的IT化和CAD化的趋势不可能逆转。而如何利用、发挥IT和CAD的优势，将成为企业之间的差异化的根源。

当今，我们已经进入了AI（人工智能）时代。在高速处理大数据的同时，人工智能有望在某些领域成为超越人类大脑的存在，如今在汽车、家电、机器人、医药等人们熟悉的通用行业的制造领域也陆续开始应用AI。然而，当制造企业开始使用人工智能时，也面临着一些挑战。例如引入人工智能的初始成本很大，缺乏必要的相关数据，以及随着技术进步速度的不断加快，引进的设备与技术将很快过时等。

另外，如果在机械产品研发领域引入人工智能，其局限性似乎也很大。人工智能虽然号称能够代替人的大脑，但它是基于“已知”信息来思维。相比之下，产品开发的核心是创造，是通过对“未知”领域的探索，得到的发明和发现，以及发明和发现的方法。即使是有望在汽车上投入实际应用的自动驾驶，也是通过瞬间收集“已知”的道路信息，再根据这些信息瞬间得出最优值，然后把最优值以电子信号的形式（类似于人类的

神经元）通过传感器传递给汽车，从而形成一个能够驱动汽车转向、刹车以及加速的系统。

我认真地思考过人工智能取代我现在工作的可能性。例如，“DTC 开发”的基本目标“零件减半，成本减半”，是否能通过人工智能实现。

将当前产品的一套图纸放入类似复印机的“AI 设计机”中，然后，按下“零件减半，成本减半”的按钮，新的“零件减半，成本减半”的设计图就会陆续出来。这是一个梦一样的想法，就像科幻电影一样，当然也是一个可能被 AI 学者训斥的想法。

我还真有过类似的经历。那还是 20 世纪 70 年代初，我刚到耕耘机工程部工作时的事，我的上级 M 科长当时就挑战过用 IBM 计算机为耕耘机“自动设计”变速箱。初始条件是构成动力传动系统的齿轮的配置规格，而变速箱与齿轮旋转装置的距离是 4 毫米。把这个初始条件输入电脑，然后输入相关指令，让电脑自动绘制变速箱图纸。

当时的计算机的命令句是以在输入卡上打孔的方式呈现，打好孔后把输入卡插入计算机，让机器读取并计算。在当时，位错齿轮的规格已经可以用手摇式计算器（国家钱币登记局制造）计算。

几年后，意大利的好利获得公司的便携式计算器的出现，使三角坐标的转换变得很容易。就是在那样一个距今半个世纪之前的时代，我们就已经在研究“人工智能”，而且还被当时的 S 部长寄予厚望，遗憾的是未能实现。但是，如果用现今的 AI 技术，似乎并不难实现。

然而，正如之前提到的，人工智能虽然可以处理“已知”信息，但在涉及“未知”信息时，很难超越人脑。此外，我坚信，人工智能几乎不可能渗透到人类的思维和情感表达的领域。

3 细化分工的利与弊

(1)“一气呵成体制”的崩溃

弱化开发现场的第二个因素是细化分工。

伴随着公司事业的拓展，出现了以“事业战略部”“产品规划部”“市场调查部”为代表的总部职能的不断加强，而原本属于开发部门的职责范围在逐渐缩小。

过去，开发部门作为企业的核心角色，在充分考虑企业未来的基础上，以“产品开发计划书”的形式提出具体的方向，直观地呈现企业的未来。“产品开发计划书”从调查客户的市场需求开始，规划具体的产品，在充分参考竞争对手产品的基础上，考虑如何提高竞争力以及相应的销售策略。得到公司的批准后，着手实施。

这样一来，通过新产品的开发来追求部门业务的未来愿景的“一气呵成体制”就成了开发部门的主心骨。这个体系无疑是一种优势，现今的产品开发的弱化，也可以说是这种“一气呵成体制”崩溃的结果。

在我走访的一家大型厂的开发现场，当我问一位开发组长“这个正在开发的产品的售价是多少？预计销售多少台？大概什么时候开始销售？”时，令我惊讶的是这位开发组长竟然不知道。不知道我是不是问错了人，或许我应该问开发项目的总负责人。

对于产品开发人员来说，首先要对所开发产品的开发目标和具体的数字指标有一个共同的认识，然后再去开展工作。当一个产品由总部，或不直接参与开发产品的第三方来策划时，开发部门就会处于被动开发的状态，主动开发的产品与被动开发的产品，其结果是显而易见的。

至于为什么“一气呵成体制”会崩溃，我认为这是因为公司的管理层想要分散风险。在公司组织的扩张和复杂化的过程中，即使是身处管理者的位置，也无法洞悉企业的未来。以往的企业管理层在管理公司时，一般脑海中都能浮现出一个个一线从业人员的面孔，而且也有与他们交流的机会，从而彼此之间会形成一定的信任。但由于企业的不断壮大，现场的实际情况越来越难以掌握，在总部设立一个部门进行统一管理，也就成为必然。而且这样做，从某种程度来说可以分散风险，避免了以往仅依靠开发部门的局面。虽然我能理解这个想法，但根据我的开发经验，我认为这是一个削弱公司产品开发实力的陷阱。

随着时代的变迁，国际竞争一定会进一步加剧，而“一气呵成体制”下的产品开发，一定是应对竞争的有效手段。即使不能完全实现“一气呵成体制”，也很有必要往这个方向努力。或者结合企业自身的情况构建一个现代版的“一气呵成体制”。

(2) 什么是产品开发计划？

我认为构建现代版“一气呵成体制”的最佳途径是“项目管理制”。根据企业的规模和创新程度，项目可以柔性地由总经理、事业部长，或者开发部门长来直辖。

重点是不要把一个产品或一个产品系列拆分给多个开发部门。如果把一个产品或一个产品系列分给多个部门，各个部门负责人的想法和策略就会相互冲突，这样就很难开发出具有创新精神的产品。这就好比一个棒球队里有多个教练，一人说一套，球员不知道该听谁的。

我将在第 3 章中提到的亏损业务的重组项目就分别是，总经理直辖的项目（空调业务）、事业部长直辖的项目（拖拉机业务、插秧机业务、自动售货机业务、净水箱业务、联合收割机业务）。针对每项业务或产品，制定“产品开发计划”，设定具体的 QCD 目标，由一位项目经理全权负责。

在我走访的制造企业中，有一些规模相对较小的企业，在总经理的指挥下，产品开发体系和“项目管理制”很相似。但是，大多数的大中型企业都是分工开发体制。在这样的体制下，不可能有大的开发创新和业务创新。因此，我想给开发部门的人以下几点建议。

首先，你要认真制订一份能够带动企业整体创新的产品开发计划，提交给相关部门和管理层。因为仅仅等待的话，很有可能什么也不会发生，所以需要开发部门先行动起来。

而且要以下面的方式介绍自己的产品开发计划："如果按照这个计划来开发产品，我们可以开发出这么好的产品，您怎么看？"以此获得相关部门和管理层的批准。然后，在考虑成本效益的前提下，获得实施产品开发计划所需的相应的开发团队和开发预算。

但事实上，在没有"产品开发计划书"提议体系的企业中，项目提议一般很难顺利获得批准。有些管理层的人甚至会对此产生戒心和不安。但是，根据我的经验，一个勇敢的"项目提议"行为和真诚的态度，一般会给人们带来好感和新鲜感，所以一般情况下也会受到关注并得到一定程度的反馈。

然而，一个产品或业务目前仍处于赢利状态下的话，即使是一个有吸引力的项目提议，人们也一般不会动心。另一方面，给亏损状态下的产品或业务的项目提议则比较容易获得批准。面对亏损的产品或业务，无论是管理层还是开发负责人，都有潜在的危机感，认为自己必须为企业做点什么，所以面对项目提议，一般更愿意虚心听取。

为了说服有关部门和管理层，一般需要采取以下3项措施：

① 正式提议前，尽可能找机会介绍自己的产品开发计划，争取事先得到一定程度的理解，为正式提议打好基础。

② 如有可能，提前进行部分“隐性开发”(在不通知相关部门的情况下的尝试性开发)，以确保计划成功的概率。

③ 根据情况，做一个实际产品的试制机来说服他们。

②③也是我实际使用的方法。尤其是③，一定会增加说服力，但需要事先准备一定程度的开发预算。我在久保田工作的时候，总部有一个“支援开发”的部门。我们能够以“专项课题”的名义向该部门负责人（被我们戏称为金库管理员）提出申请，提前获得开发专项预算，用于“隐性开发”。我认为，建立这样的制度是增强企业活力的重要手段。

无论如何，项目能否被看好取决于该提议的魅力和可信度，而能否得到批准，在很多时候往往取决于提议人是不是有足够的热情。如果你抱着百折不挠的精神真诚地去提建议，你一定能得到理解获得支持。

在分工开发体制下，即使能够实现个别局部的优化，但彼此的边界区域会成为障碍，结果，往往出现整体不合理的情况。所以，以“产品开发计划书”为纲的“一气呵成开发体制”有明显的优势。

(3) 如何突破分工开发体制?

客户的要求变得越来越复杂和多样。为了满足这些要求，必须运用比以往更高的技术和更广泛的专业知识。

有一点很重要，产品开发人员应该是多面型人才。每个开发人员都必须掌握多个跨领域的专业技术，最好能做到一个人分饰十个角色。

当然，在开发需要高度专业化技术的新产品时，一定程度的分工是不可避免的，但还是要尽量避免这种情况。在对现有产品进行全面改进的开发时，还是要尽量做到整个产品的开发由一个部门的开发人员完成。

这是因为每一个产品都是各种技术的集合体，如果进行分工开发，即使可以实现产品的“局部优化”，也很难实现产品的“整体优化”。这是因为部门之间的开发思路一定会或多或少地存在差异。

分工体制下的产品开发可能会带来产品个别性能的提高，但无法实现产品整体性能的提高。

在自动售货机业务的重建中，我就是通过把按功能划分的开发组织，例如拉门组、底盘组，箱体组、货架组，制冷组等，调整为开发一个个具体产品的组织，例如饮料自动售货机组、卷烟自动售货机组等，而取得了成效。

也许有人认为自动售货机业务，原来的按功能分组的方法是高效的，但在我看来，这样的分组之下，各个组根本就不是“开发”，而仅仅是“操作”而已。只不过是改变一下现有零件的尺寸，或者对现有技术进行简单的排列组合。既没有对新技术的摸索，也没有凝聚智慧和汗水的专利发明。最重要的是，这个过程既没有积累开发经验也没有提高开发能力。我断言，分工开发没有益处只有害处。

然而，遗憾的是，在我走访的厂家的开发现场，多数都是分工开发，即将一个产品按功能分成若干模块进行开发。

更让人惊讶的是，有的公司竟然把产品开发分为两个阶段：

① 试制开发；

② 量产开发。

两个开发团队分头推进。当事人认为这是合理的、先进的，但是我不能苟同。

这个分工体制，如果是开发世界上从来没有过的、全新类型的产品在一定程度上或许可行，但如果是对现有产品的改进，①和②一定要由同一个开发团队来进行。

因为一个只做①试制开发的开发团队，一般不会有成本意识，所以设计时很可能只考虑功能、性能和质量。而②量产开发的团队，因为是以其他团队设计的基本结构为基础，进行改进加工、组装等生产环节的开发，一般也不太会考虑产品本身的成本。

这样的开发体制不但成本高，最后两个团队也可能打口水仗。①的团队说②的团队能力不够；②的团队说，这是因为①的团队开发的基本结构不好。

产品开发的三要素是Q（质量）、C（成本）、D（进度）

但是，除非一个部门完成从产品规划到试制机，再到量产机的所有流程，否则很难实现QCD目标。而且QCD目标应该由开发部门来负责。

为什么很难逆转开发分工的趋势呢？在我看来，这是因为QCD三者的平衡被打破了。在分工体制下的开发，因为时间紧迫，以至于大部分开发工作都是以Q和D为目标。换句话说，开发人员只关心质量控制和进度控制，而不关心成本。虽然口头上一直说成本重要，但成本往往只是开发完成后的结果。

虽然也有类似于“产品开发计划”的东西，但里面制定的QCD目标并不是必须达成的目标，而只是努力目标，或者说是一个希望达到的目标。

产品开发是制造企业经营的根本，产品开发要以实现QCD目标为前提。要做到这一点，一定要勇于打破分工开发体制。

我刚刚进入公司时的开发部门，只要有一个机械工程人员和一个电气工程人员，就几乎可以完成所有产品的开发工作。现在，虽然也叫机械工程人员，但是分成了动力、结构、油压、振动、噪声、分析、材料、加工、操作、检测等不同的领域。各领域之间的协调又是一个大难题，“一气呵成体制”就更是无稽之谈。要摆脱这样的状况，我认为唯一的办法就是实行“DTC开发”。

4 管理部门与开发部门

(1) 管理部门与开发部门之间的鸿沟

开发现场弱化的第三个因素是开发部门和管理部门之间的距离。

开发部门设在各个研究所、工厂或者事业部之内，而管理部门设在总部，由总经理直辖。一般来说，这是合理的布局。

但是在过去，例如，松下幸之助或本田宗一郎成立公司时，厂房的一楼是开发部门，二楼是总经理办公室。我觉得这是所有制造企业的雏形。公司初创期，因为规模较小，各个部门集中在一处。

半个多世纪前，我刚刚加入久保田的时候，公司就像一个大家庭。对公司的归属意识是自然而然地萌生。每个会计季度开始时，大家都认真地听取总经理宣布的经营方针。在那个年代，管理层和一线员工之间的信任关系似乎是顺理成章的事情。

我在这里想说的不仅仅是距离的问题，也不局限于我所访问的企业。现实问题是，管理和开发之间似乎存在着一道很深的鸿沟。

即使是在制造企业，管理层一般也是行政背景居多，如财务、行政、劳务等，都是与开发部门相去甚远的部门。因此，管理层一般都不太了解开发，或者说一般也不会尝试去了解开发。

换句话说，管理层并不了解，制造企业60%的收益是来自开发部门的图纸。当然，即使管理层知道开发部门是一个有可能“生金蛋”的重要部门，似乎也不想参与其中。好像是认为把开发的事交给开发部门就行了。

然而，我遇到过的一位总经理却完全不是这样。和这位总经理谈话时，谈不了几句就一定会谈到开发的话题上，当然他一般会不时地加一句，“虽然我是做行政工作出身的”。这是一家家族企业。看着总经理的认真劲，我知道在这家公司，管理与开发是融为一体的。

该公司位于岐阜县，很独特也很有魅力。他们公司开发部的科长是生物工程专业毕业的，利用金属和树脂材料开发了很多新产品。工厂拥有一套完整的制造体系，从铸造、树脂成型、模具，到机械加工、电镀、组装都可以自主完成。这家公司属于中等规模，但拥有在大公司里比较少见的积极主动的管理体系。

这家家族企业创办于江户时期，现在已经是第四代了。公司有一个特点，每当会议上发生争执时，马上就会有人说“我们去现场吧”，于是所有与会者都会去现场。我想这是因为他们清楚，答案就在现场，这才是真正的现场主义。

我常常想，如果像这样的总经理人数能大幅增加，日本制造业的未来一定会更加光明。

即使像我这样长期在开发部门工作的人，也总是在开发中遇到未知的东西，在起草“产品开发计划”的阶段，有很多问题都是直到实际尝试后才明白。这种说法可能比较极端，我认为:“开发就像收集飘浮在太空中的灰尘来创造地球。”为了实现开发目标，要充分地利用各种技术，解决那些未知的问题，同时要时刻不忘“为顾客服务”的使命。

我这里提到的技术是5种技术的整合：

① 新的开发战略技术（=“产品开发计划书”）；

② 公司内部已经掌握的技术；

③ 开发人员的经验技术；

④ 新的产品开发技术；

⑤ 行业内或跨行业的先进技术。

如果仅应用自己已经掌握的技术，远远不足以创造出超越现有产品的新产品。只有积极开发和整合新技术，才能创造出让客户满意的产品。

管理部门不需要了解这些技术的具体内容，也不需要了解产品开发的过程，但一定要理解“产品开发计划书”（或类似的东西），因为产品开发是支撑制造企业的根基。

(2) 面对开发工作时，当“甩手先生”的大型制造企业

这里讲一个关于日本某重型机械制造公司的事，在这家公司管理部门和开发部门似乎有一种各自为政的氛围。我到开发现场考察时，高层领导也很少陪同，都是交给开发部门。

这家公司没有“产品开发计划书”或与之类似的文件。当然有一些事项，开发部门也会和管理层商量，但大多数事项都是开发部门自己决定，或开发负责人自己作判断。

我认为，制定一份以总经理的经营方针和事业部长的事业部战略为基础的具体的“产品开发计划书”是非常重要的。但这家公司显然没有这样的企业文化。

在这一点上，中小型企业做得比较好。大企业一般每隔几年就会更换管理层，而中小企业一般以家族企业居多，代际传承的周期也更长。

我所访问的公司规模不一，但由于其中的中小企业一般都是家族企业，所以在访问过程中，一般都有机会见到总经理。在与他们的谈话中，我既能了解到公司的开发现场以及生产现场的现状，也能感受到他们的问题意识。

反之，和大型企业总经理的交谈机会则很有限，一般也就是一起吃个饭。而且，在与他们的交谈中，我也几乎感觉不到什么问题意识。

近期，制造业出现的一系列质量欺诈问题，给日本企业的品牌蒙上了一层阴影。这也是各大公司忽视一线的一个佐证。而忽视带来的直接后果就是开发现场的弱化。因为，“问题的答案就在现场”！

在日本的制造企业中，多数管理层的人都是行政背景，很少有工程背景的。因此，管理层往往不了解或不想了解开发现场。认为只要交给开发部门就行了。另一方面，开发人员似乎也认为，反正管理层不懂技术，所以希望管理层最好别干涉开发工作。对双方来说，这似乎是心照不宣的。而且，随着技术的不断进步，这种趋势在不断加剧。

当我在一线从事开发工作时，并没有感觉到像现在这样的隔阂。那时候，双方都抱着强烈的互相学习、取长补短的态度。特别是开发部门，普遍都积极主动地接触管理部门。这是因为在产品策划阶段，为了明确开发的产品对加强本部门的业务作用有多大，开发部门需要获得经营数据。

当时，员工工资以每年6%的速度增长，产品在投放到国内市场的同时，大量出口到欧美国家。因为很多产品都是计划在三年内上市，所以在产品策划阶段，开发部门需要知道，管理部门预估的三年后的人工费、外汇汇率等信息。而要获得这些信息，只能依靠总部的管理部门。在一问一答的过程中，开发部门和管理部门建立起了密切的关系。

在目前的开发组织中，分工导致各部门的独立性大幅提高，前面提到的场景很难再现。但是，要开发出优质产品，就必须冲破这些鸿沟。

(3) 设计现场与研究现场之间的距离

我工作过的久保田公司的开发现场由设计部和研究部两个部门组成，但两个部门是作为一个综合的产品开发团队来发挥作用的。部门负责人、科长或项目经理不仅管理设计部，还管理研究部。他们经常到试制机的组装现场和耐久试验现场，坐在自己的座位上工作的时候反而很少。

在久保田，设计现场与研究现场的直线距离规定为200米以内。这个规定的目的是促进两者之间的交流和互动。当研究现场开始组装试制机时，设计人员每天要来回跑五六趟，如果距离太远，势必影响设计人员去研究现场的热情。

在我目前走访的中小厂家中，虽然没有具体的距离规定，但这个距离大多在200米以内。

还是回到久保田的例子，当业务规模逐渐扩大，设计现场和研究现场的距离变远后，在两三年的开发期内，公司在研究现场旁边的空地上搭建了一个临时设计室，并把绘图板和CAD也都搬来了。这样一来，设计人员不用离开研究现场也可以做设计工作。

设计部和研究部原本是没有区别的，而统称为开发部，研究工作和设计工作不分工。

现在，设计部门和研究部门往往是完全分开的，所以就需要一个总负责人统括这两个部门。还有一些企业在海外设立了开发部门的分支，与日本的开发部门进行同步开发。如今的日本正处于出生率下降、人口老龄化的过程中，产品的需求大部分在海外，销量和利润也都在海外。在这个状况下，“就地开发，就地生产，就地雇用”比较理想。而且我认为，在有需求的地区就近开发产品是理所当然的。

在产品技术日趋复杂和多样化的状况下，这样的体系在未来是否还能维持呢？我估计设计部将保持不变。研究部可能会分为三个部门：

（1）基础研究部；

（2）应用研究部；

（3）量产研究部。

久保田过去也有过一些这样的组织，但由于没有产生效果，最终不得不解散了。总部的中心研究院就是典型的例子。这个部门虽然还在，但实际上从事的工作，和一般的设计部门、研究部门没有区别。

整体来说，还是大公司的开发现场存在的问题比较多。有的公司虽然设计部和研究部是在同一个厂区，但在两个部门之间移动要骑自行车或乘坐循环巴士。某工厂的开发部和设计部设在东京总部，试制机的组装则在中国台湾完成。名古屋的一家办公设备公司在日本进行开发设计，试制机的组装则在中国深圳完成。

制图的开发设计现场与试制机的组装、测试的研究现场之间的距离越来越远，使得设计人员很难得到实际产品的真实信息。这样，也就很难进行有效的产品开发。尤其是年轻的设计人员，很可能在设计时，对实际产品的加工和组装工艺都不怎么了解。

理想情况是，开发部门应该在靠近客户市场的地方进行产品开发，如果能与生产部门合署办公，效果会更好。特别是在基础研究领域，如果能够与硅谷那样的先进的研究机构和世界一流的大脑进行合作，效果一定更好。

第 3 章

通过“DTC 开发”重塑优质产品

1 将营业利润率提高到10%

(1) 为什么不开发高利润的产品?

我过去问过一家机床厂的高管:“你们为什么不把主营产品换成利润更高的产品呢?”这位高管满脸困惑地回答:“嗯……关于我们的主营产品的问题……”

此外,某位印刷厂的老板向我请教:“我们的产品成本已经降到了极限。您知道什么更好的可供我们生产的产品吗?”

经常有人向我提这样的问题,我总是回答:“如果产品是五年前开发的,可以通过修改产品的设计来减少一半的零件,降低一半的成本。”谈话结束后,我也会去参观他们正在生产中的产品。一般也都如我所料,这些产品的零件、结构存在很大的零件和成本减半的空间。如果对产品的设计进行修改,利润率应该会有很大提升。

然而,单纯以降低成本为目标的开发往往会以失败告终。仅是降低成本,而不提高产品性能的开发,与其称之为开发,不如称之为工作。过去,在不改变基本性能和售价的前提下,我们将拖拉机的操作手柄由镀铬改为喷漆，将插秧机的铭牌由铝合金压铸改为薄膜粘贴，但这些改变并没有得到销售人员和客户的认可，最后都以库存堆积如山告终。

正确的做法是通过提高产品性能来提高利润率，而不是通过上面提到的这样的小改动来降低成本。

一般来说，日本厂商的利润率普遍偏低。虽然也有一些蓝筹企业，如 Fanuc、Keyence 等，营业利润率高达 30%—50%，但总体而言，各大厂商的营业利润率大多低于欧美公司。即使是日本的龙头企业，因为税收上的差异会有些许不同，但利益率也大多在 2%—5%之间。即使是丰田汽车公司，2019 财年的集团财报中的营业利润率也只有 8.2%。而我认为，制造企业的营业利润率至少要提高到 10%。

为什么是 10%呢？这当然不是过去常说的“卖药一本万利”或者“十取一（每 10 天收取 10%的利息）”等高得离谱的利润。10%是一个既能获得客户的理解，又能保证有足够的资金进行技术和设备投资的合理的利润水平。

在激烈的国际竞争中，面对汇率和股价的波动，管理者和投资者往往是喜忧参半。作为制造企业，在确保利益的基础上，凭借自有资金进行稳定经营，既要保证员工的就业，又要为社会做出贡献，而创造利润是企业生存的命脉，也是企业持续投资以保持高竞争力的源泉。

拥有高利润率产品的前提条件是，质量和成本都优于竞争对手。这其实也是一个客户满意度的问题，通过让客户觉得“实惠”，提高客户的购买欲望，扩大销售量。

为了实现这个目标，我们必须创造出功能、性能和质量都超过竞争对手的产品。而且，即使销售价格设定得更低也能实现盈利。为此，我们必须穷尽智慧，开发出既是行业内最畅销的，也是高利润的产品。

(2)“DTC开发”的3要素

那么，如何才能开发出高利润的产品呢？作为具体的方法，我提出了“DTC（Design to Cost）开发”，这是我个人总结出的产品开发“方法”。

“DTC开发”源于我30多岁时在久保田的产品开发经验，并融入了我在纽约的三年技术培训中所学到的内容。以所有参与开发的人员为对象。以下是“DTC开发”的3个要素：

① 制造业现场学；

② 开发让顾客感动的产品；

③ 业务创新的方法。

“DTC开发”中的①制造业现场学，并不是一般意义上的，先罗列理论，然后用矩阵来分析产品的功能和价值的学习小组，而是以挑战高开发目标为目的，伴随实践的现场教育。培养开发人员处理从未经历过的新领域和复杂问题的能力，以及勇于接受挑战的自驱力。

"DTC 开发"中的②开发让顾客感动的产品，就是让顾客看到产品后对外观和价格产生感动，购买产品后对功能和性能产生感动，使用产品后对耐久性和易维护性产生感动。在产品开发过程中，要牢记这三个感动，以实现③业务创新的方法。

由于开发能力的弱点大多出现在成本上，所以这个方法也可以称为以降低成本为主的产品开发"方法"。相对于每件产品的成本降低百分之几的方法，"DTC 开发"方法的目标是将内部设计的零件成本降低 50%，从专业供应商处购买的零件成本降低 30%。而且，目标不仅是降低产品个体的成本，更是改善整体的业务结构，实现业务创新。

以下是我在六个亏损业务中引进"DTC 开发"，并将这些业务打造成赢利业务的成绩和经验。

只要有产品就不愁销售的经济高速增长的时代已经远去，现今，不但产品的种类繁多，销售范围也扩大到了世界的每个角落。

特别是现有的产品，虽然有一定程度的更新需求，但大多数企业都在努力寻找新的海外销售渠道，以及海外就地生产来应对生存挑战。

我实际参与的一家亏损企业的重组，就是通过"DTC 开发"，从现有产品的结构到零件层面，都进行设计修改。通过这些努力，该企业不但转亏为盈，营业利润率也达到了 10%。而在之后的章节会具体讲述的久保田的自动售货机业务的重组中，营业利润率提高了20%。

因为这些成功经历，现在我满怀信心地，为日本国内外制造企业提供以“DTC开发”为核心的经营指导，帮助企业强化业务结构和产品创新能力。

2 开启“DTC开发”——小型拖拉机业务

20世纪80年代，久保田在北美的拖拉机业务受到日元强势的影响，陷入随着销量增加，赤字也相应增加的糟糕状况。拖拉机业务是公司的核心业务，当时公司的管理层和参与拖拉机开发的人员启动了D6开发项目，希望重建该业务，但由于评估的结果是该业务无法赢利，项目以失败告终。

接下来，又马不停蹄地启动了D8开发项目。D8开发项目不但拥有开发部门的众多人员，还有制造部门的人员参加。然而，在完成试制机组装并进入测试阶段后的评估显示，该项目还是无法实现盈利，最终管理层决定终止该项目。

在连续两次的尝试失败后，公司管理层点名由我来带项目。我立即着手整理了一份产品开发计划和一份人员组织提议，在内部会议上进行了介绍并很快得到了管理层的批准。1993年1月D10开发项目正式启动。

当管理层问我怎么组织人员时，我回答说：“做执行工作的人不应该承担责任。”于是，我把上一个项目的20名开发人员全部带进了我的项目，同时感受到了一种从未有过的责任感和紧迫感。

不过，我心中还是有一丝希望，就是那个我早就设想好的“DTC开发”方法，我感到了强烈的实施欲望。

当时，“DTC开发”这个名字还没什么人知道，内容就更是不为人知。尽管在“产品开发计划书”中的“DTC开发”的下面注有“Design to Cost”，但每次会议的一开始就会有人问：“什么是DTC？”

原本，“Design to Cost”是美国宇航局在20世纪70年代，为防止阿波罗项目预算激增而实施的一项举措。我在纽约培训期间接触到了这个词，于是引用“DTC”一词，构筑了我的“DTC开发”。

总之，对于一个制造企业来说，重中之重是如何打造“感动客户的产品”。在思考利润至上还是产品至上时，相较于眼前的利润，我认为创造出让顾客满意的产品是第一位的。我的经验法则是，产品卖得出去，利润就会随之而来。这个经验来自我二十多岁时经历的日本第一台四驱拖拉机和日本第一台4列行走式插秧机的开发工作（见第4章）。

此外，我从纽约刚回国后的第一个开发工作，针对日本国内市场开发的土星系列拖拉机取得了很好的成果。该系列产品在投产后，销售量比预期翻了一番，深受市场欢迎，以至于公司不得不额外购置模具来满足生产需求。该产品还是公司设置“优秀设计奖”后第一个获奖的产品。

言归正传，为了重建拖拉机业务，我推动了液压无级变速箱 HST（静液压变速箱）的开发，并在行业内率先将其应用于拖拉机。HST 在换挡时不需要麻烦的离合器操作，类似于汽车的自动变速器。

另一方面，我的前任们开发失败的原因是对下属的教育不够，从而导致项目的整体开发能力不强。针对这个问题，我实施了旨在让所有下属都朝着同一个方向努力的开发现场教育（“制造业现场学”）。

以自行设计的零件成本降低 50%、从专业公司购买的零件成本降低 30% 为目标，在达成了“零件兼用是一种罪过”的共识的前提下，对所有零件的设计进行了修改。

同时加强了管理，每三个月进行一次开发 QCD 总结。该总结主要包括以下 3 项：

① 检查开发机型的功能，性能，质量；

② 检查成本（包括控制开发预算）；

③ 检查开发进度。

以“少开会！少出差！”为口号，在计划图和零件图的绘制阶段，严格遵守“三日检图”（后文详述），确保技术指导的彻底性。

1993 年项目启动时，年销售额为 190 亿日元，但出口增加和日元的强势（100 日元兑 1 美元），造成了近 10 亿日元的赤字。而在项目启动后的两年零 9 个月后，我们实现了开发目标。在 1996 年销售额下降到 188 亿日元的情况下，实现了约 9 亿日元的利润。顺利完成了拖拉机业务的重建。

3 开始“制造业现场学”教育——水稻播种机业务

20世纪90年代，由于政府的农业减产政策造成的严峻市场环境，以及公司产品竞争力落后于竞争对手等，久保田的插秧机业务陷入困境，营业利润率更是降到了5%的赤字。为了改善这个局面，公司启动了S5开发项目，但因为该项目的预期仅能改善3.5%的盈利能力，所以在试制机阶段项目就中止了。

1997年8月，我从拖拉机事业部被调到插秧机事业部，负责重建该业务。在我刚到任时，插秧机业务的规模为年销售额160亿日元，亏损约8亿日元。好在我在20多岁的时候，经历过插秧机的开发，所以相对比较平稳地开始了新的工作。

根据我的前任关于之前的开发活动的详细介绍，我认为单纯的改进型开发不足以重建该业务，所以决定在这里也开展“DTC开发”，并且开始了以所有开发人员为对象的“制造业现场学”教育。

第1步，学习如何计算成本。

第2步，学习降低成本的技巧。

仅通过语言文字来传递技巧是很难的。本着“以现场，现实，现物”为重的理念，我们去废旧汽车回收商那里购买了一辆丰田卡罗拉，将其拆解，进行“IP 提取”，也就是寻找其中令人感动的元素（详见第 5 章）。之后，我们又拆解了开发部门的成员提供的一台老式摄像机，接触到了详细的元器件结构和电子技术的实际状况。通过这些尝试，我们得到了不少解决开发问题的启示。

另一方面，在开发插秧机的过程中，我们努力了解插秧工作的实际情况。在由北向南延伸的日本列岛，每年插秧的时间因地区不同而有所不同。根据生产规模的不同，插秧过程本身一般需要两天到一周的时间。大部分从业人员的年龄都在 60 岁以上。稻农的毛收入大概是每反（土地面积单位，1 反约等于 992 平方米）18 万日元，也就是说，拥有 1 公顷土地的农民每年收入 180 万日元。如果从这个数字中扣除化肥成本和农机折旧费，全职工作显然是不足以维持生活的。

基于对这些实际情况的了解，我们将新型插秧机的开发方向浓缩为 3 条：

① 每年作业 7 天；

② 60 岁以上的老农；

③ 收入不高。

当时的插秧机，无论是久保田的产品还是其他公司的产品，都和这 3 条有很大的背离。

于是，我们制定了以下的开发方针：

① 现有机型：换挡时需要踩离合器踏板。

开发机型：无级变速（HST）不用换挡（对应开发方向的①②条）。

② 现有机型：销售价格高（如4列插秧机96万日元）。

开发机型：降低售价（如4列插秧机59.8万日元）（对应开发方向的①③条）。

③ 现有机型：当插秧机越过田埂进入和离开水田时，操作员会产生恐惧感。

开发机型：装备越埂臂，消除恐惧（对应开发方向的②条）。

目前的产品有4列、5列、6列、8列插秧机共4种机型，鉴于8列插秧机的需求量不大，我们把重点放在4列、5列、6列插秧机上，并且编制了“产品开发计划书”。

同时，为了给开发部的全体成员树立一个好的榜样，我自己负责4列插秧机的设计。

与现有机型相比，新型插秧机在功能、性能以及质量方面都有人幅的提升，同时价格保持在了低位。最终，三年零五个月后，在销售额下降到了135亿日元的前提下，插秧机业务仍然为公司创造了4亿多日元的利润。该产品还获得了“优秀设计奖”，还有两家我们的竞争厂向我们提出了OEM的要求。我们的插秧机也一跃成为行业内销量和利润都名列前茅的产品。在我离开该部门后，插秧机业务在2002年又推出了新产品系列，市场占有率一度达到了45%。

关于OEM供货，还有一个小插曲，在这里我想介绍一下。

在一次部门内部会议上，我接到了一个电话。电话来自一个我不认识的人，当我拿起听筒时，他直接说："我叫T，来自I公司，我想请贵公司以OEM的形式，向我们公司提供三木先生开发的插秧机……"

后来查了一下，发现电话确实是我们的主要竞争厂之一的I公司的副总T先生直接打来的。我很纳闷，他为什么直接给我打电话。不过后来这个谜团解开了。他告诉我，他已经从专利公报上追踪了我很多年。他把打电话的事情上报给了部门高层，在得到高层的批准后，久保田与I公司签订了OEM供货合同。

一年后，我的一位在M公司工作的校友给我打电话说："我希望你们能像对待I公司一样，以OEM的方式为我们公司提供插秧机。"当然，具体的事务是由他们公司东京总部的相关业务部门来谈的。

最后，达成了向M公司进行OEM供货的协议。而作为插秧机生产基地的久保田宇都宫工厂，因为需要应对包括两家公司的OEM供货在内的大量生产，一转从前的局面，竟然有些应接不暇。

两家竞争厂提出OEM要求的背后原因，是我们通过"DTC开发"实现的"高性能、低价格"。当时的插秧机市场由于泡沫经济的崩溃和国家减产政策的影响，销售持续低迷。但即使是在这样的市场环境中，新开发的“4列插秧机”一经问世，就迅速刺激了客户的购买欲望。

另一方面，竞争厂及其经销商因为没有办法与这个产品竞争，陷入了进退两难的境地。由于竞争厂开发与之对抗的产品需要一年多的时间，于是他们不得不寻求OEM供应。

4 挑战未知领域——自动售货机业务

2000 年 3 月，我被调到了久保田的茨城工厂，担任自动售货机开发部部长。当时，自动售货机业务因为多年的持续亏损常常被其他部门嘲笑。在这样的局面下，公司给我下达的指示是，三年内转亏为盈。我负责的开发部共 118 人，这是我进入久保田以来管理下属人数最多的一次。当时，自动售货机的年销售额是 175 亿日元，赤字则超过 14 亿日元。

前任开发部部长比我早两年进入公司，拥有丰富的开发经验。我有些担心，前任部长花了三年时间没做成的事，自己能否胜任，但更多的是因为自己被委以重任而感到的欣喜。

由于自动售货机业务对我来说是一个未知的领域，在这里引入“DTC 开发”时，与以往不同，我需要先学习自动售货机制造的基本逻辑。不出所料，“DTC 开发”在这里再一次发挥了作用，到 2003 年时，公司得以恢复盈利。虽然销售额下降了近一半，达到了 98 亿日元，但公司仍然创造出了 3000 万日元的利润，还获得了“优秀设计奖”。我一开始所担心的，自己完全没有自动售货机开发经验的问题反而成了优势。因为我与这个业务部门的人员以及相关厂商没有任何纠葛，引入“DTC 开发”时反而更加顺利。

因为没有纠葛，我一上任就有了下面的大动作：

① 取消“按功能划分组织”，改成“按产品开发项目划分组织”。

如前所述，公司的开发团队不再按功能来划分，取消现行的拉门组、机箱组、机架组等。把这些组重新建成一个个统筹管理整个产品的开发项目组，如饮料自动售货机项目组、纸盒自动售货机项目组、香烟自动售货机项目组等。在“产品开发计划书”的指导下，每个项目经理都被赋予了制定 QCD 目标的充分权力。

② 对机型进行取舍。

果汁、可乐等饮料自动售货机的门面的面积有一半是用来展示产品的，这些自动售货机甚至因此被戏称为自动售货橱窗。这样做的目的是起到刺激顾客购买动机的作用。为此，饮料厂家要求自动售货机厂每年都要推出新的机型，结果造成机型日趋增多的结果。针对这个问题，我们对利润率低的机型和生产效率低下的机型进行了彻底的取舍。包括“拉面卷自动售卷机”“杯装饮料自动售货机”等在内的赢利效果不大的产品都被删减。删减的机型大概占了总数的一半。这个业务重组是以保证利润为重点的，所以即使销售额下降也在所不惜。

③“制造讲座”（每周30分钟，面向全体开发人员）。

由于自动售货机主要由钣金件、树脂件、电器件等组成，所以，与之前针对拖拉机、插秧机进行的培训不同，这次培训缩小了技术领域，培训内容也以见效快的内容为主。

虽然自动售货机的开发人员对制造讲座的理解能力和参加讲座的积极性都不容质疑，但是对“DTC开发”的基础，也就是绘图能力的掌握却较农机部门有较大程度的欠缺。为此，开发部每个月都会对全体成员进行一次绘图考试。

第一年因为忙于教育工作，进展缓慢。但是第二年就开始见效，三年后就实现了扭亏为盈的目标。

原本，自动售货机的生产厂家以各大电器厂商为主，我们是行业内唯一的一家机械制造商。另外，客户是以各大饮料、烟草制造商为主，因为是完全的买方市场，所以我们的经营环境其实是十分艰难的。

然而，从日本可口可乐公司2005年的市场评价报告就可以看出，我们的产品是行业内投诉率最低的（报告针对统一规格的机型）。在故障处理方面，我们也获得了行业内的最高评价。与其他公司的产品相比，零件数量的减少，不但带来了质量的提高，也带来了售后服务的改善。

在卷烟机业务方面，甚至有主要竞争对手希望我们提供主要单元产品的图纸给他们，这无疑是对我们的产品开发能力的高度评价。

2004 年，我离开了这个领域，成为专门从事机械设计业务的久保田子公司“久保田机械设计公司”的总经理。但是，自动售货机业务在那之后仍然持续赢利，2006 年取得了销售额 200 亿日元，赢利 23 亿日元的优异成绩（2017 年 11 月，自动售货机业务被行业内最大的公司 F 公司收购）。

5 对三个业务进行的技术指导

(1) 净水箱业务

2003 年，当自动售货机的项目还在推进中时，我得到管理层的指示，承担了重建净水箱业务的工作，为期两年。根据“DTC 开发”的方法，我每月两次出差到久保田滋贺工厂对几位年轻的设计人员进行基本制造知识的指导。

由于净水箱使用了大量耐腐蚀的树脂材料，所以降低树脂成型模具的成本是一个重要的问题。对此，我们全面采用了不使用滑模的“两段式拉丝”技术。此外，还进行了全面的设计修改，认真分析了把从专业制造商处购买的单元空气泵改为自主开发的可行性，以及自主生产开关阀的可行性等。

最终，零件数量从 1210 个减少到 432 个，减少了 64%，组装工时减少了 44%，重量减少了 28%，总成本降低 22%。之所以在零件减半的情况下，成本降低幅度仅为 20%，是因为分摊树脂模具的折旧费。虽然现有机型的模具折旧费分摊已经完成，但开发机型的模具折旧费要以 3 年为期分摊。

工作开始的一年半后，虽然完成了试制机的制作，但也发现了一个大问题。在进行国家认证检测时发现BOD值（生化供氧量）超标。复试在一年之后，这相当于给了我们一个开发宽限期，所以我们可以利用这个期间完善开发工作。

新产品以及其后陆续开发的衍生品进入市场后，该业务最终如愿转亏为盈。如今，由于中国和其他国家需求的扩大，销售额和利润都在持续增长。

这里需要特别提一下的是，与以往不同，这次的“DTC开发”，我并不是以主管的身份加入开发团队，而是采用了从团队外部指导的形式。与团队成员没有上下级关系，再加上指导的频率不高，当初我并不清楚自己能将“DTC开发”指导到什么程度。

还好是我多虑了。像自动售货机时一样，团队成员们对基于制造基本逻辑的开发“方法”产生了浓厚的兴趣，对这项工作也很有热情。另外，因为净水箱所涉及的技术范围比较小，材料也主要是树脂，不像机械产品要用到包括钢铁在内的各种金属材料，再加上开发团队人数较少，所以我的指导负担不是很大。

但是，由于净水箱是通过微生物作用使生活污水净化并循环使用的产品，必须有专业的微生物知识和化学技术。所以，这些工作都委托给了专业人员，通过双方的合作最终取得了成果。

（2）空调业务

2004年4月，当净水箱业务开始有起色时，管理层要求我同时为空调事业部提供技术指导。这是位于宇都宫市的一家生产楼宇用空调和无尘室用空调的工厂，当时该工厂的销售额为90亿日元，但是累计亏损已经达到88亿日元，这意味着该工厂其实已经濒临倒闭。

我这里再次引入了“DTC开发”，每月两次从大阪来这里进行技术指导。两年后，这家厂也实现了盈利。此后，公司通过自身的努力，业务蒸蒸日上，并且开始向中国出口产品。如今，因为宇都宫工厂的生产规模太小，公司正计划在千叶县新建工厂，以提高产量。

我第一次参观空调工厂时，特别惊讶于工人们低效的工作方式：

①用双手拿工具进行组装。

②用锤子将零件敲在一起。

③用打磨机磨倒角。

这3个问题其实是开发设计方面的问题，而不是制造方面的问题。在亏损的业务中，“怎么生产都可以”的现象十分猖獗。我认为这样不好，必须制定出更有成效、更好的工作方式，并对之不断改进。

对以上3项的改进措施是下面这样的：

① 单手拿着工具工作，用另一只手握住零件或支撑身体。

② 用振荡锤代替锤子。

③ 修改零件的形状，使其不需要使用打磨机倒角。

当我要求看“产品开发计划书”时，我看到的是“开发机型一览表”和“开发日程和流程表”。这根本不能称为产品开发计划书。

在“产品开发计划书”中，需要包括以下信息：

① 业务现状和开发机型的定位。

② 开发目的和开发目标。

③ 开发机型的大纲。

④ 盈利目标和降低成本目标。

⑤ 产品的“实惠感”。

⑥ 开发日程和开发团队。

⑦ 与其他部门的沟通计划。

⑧ 经营成果和前景展望。

这些也是“DTC开发”的基本思维。

我向他们展示了重建空调业务的“产品开发计划书”的撰写方法，并要求开发项目经理以此作为参照，编制空调业务的“产品开发计划书”。

虽然在开发过程中出现了曲折，但不得不承认，这个团队拥有惊人的创新能力。为了实现“产品开发计划书”中的目标，我应用“DTC开发”的方法对团队进行了充分的培训和指导。

之后，每三个月进行一次 QCD 进度检查显示，业务朝着改进的方向发展。

通过空调业务的实践，“DTC 开发”也新增了项目。不得不承认，仅参考自动售货机项目的“产品开发计划书”来理解“零件，成本减半”的概念并不容易。为了促进团队成员的理解，我专门向他们展示了实现了“零件减半，成本减半”的自动售货机实际产品，并对产品的每一个角落都进行了详尽的介绍。真实的产品比语言有更强大的传播力，从那以后，团队成员们对“DTC 开发”的理解骤然增强。

开发项目经理的辛勤工作和带头示范也使得团队的力量得以集中。最终，所有的 QCD 目标均得以实现。特别是降低成本35%的目标，超额完成了 0.7 个百分点。零件数量由现机型的3667 个减少到开发型号的 1817 个（减少 50%），重量由 857kg减少到 524kg（减少 40%），焊缝长度由 32m 减少到 4.8m（减少 85%）。另外质量提高了 21%。

（3）联合收割机业务

和空调业务一样，也是在 2004 年，因为原本要在中国新工厂生产联合收割机的项目搁浅，我被紧急指派指导该业务。虽然试制机已经制作完成，但是如果不能把成本降低 50%，产品就无法投产。

在没有联合收割机的开发经验的前提下，工厂给我看了正在开发的试制机和图纸。我发现，联合收割机的制造技术是很老旧的技术。这种联合收割机是为国外常见的籼稻（长粒）设计的，收割茎秆和脱粒一气呵成，收割宽度为 2 米。它是意大利拉贝达公司生产的联合收割机的小型化版本。

我判断仅通过修改试制机是无法将成本降低一半的，于是决定从零开始重新设计。

联合收割机的开发团队共 10 人，其中不少是骨干开发人员。带队的组长是个很有能力且被寄以厚望的人，但他唯一的弱点是没有什么设计经验。他们以非常诚恳谦虚的态度欢迎我的到来。

因为他们的设计室就在我办公室隔壁，放置试制机的研究室也在附近，所以我每天都能去他们那里指导几次。在这里，我一如既往地基于“DTC 开发”进行了“零件减半，成本减半”的指导。一边强化开发人员的产品“意识”，开发“方法”和专业“技能”，一边开始设计各功能块的结构和零件。

为了加深我自身对产品的理解，在观看试制机时，我总是把相关部分的图纸摊在桌子上，然后逐一问开发人员：“这部分有什么作用？这里会承受多大的力？这里会接触泥土吗？这部分是干什么用的？”听了他们的回答后，我会一边通过画示意图展示新的结构和零件，一边问他们：“这个结构怎么样？这个是不是也可以？”

在这个过程中，开发人员会从示意图中得到提示，然后着手详细的设计。虽然有时候需要反复几次，但最后基本上都能绘制出和示意图大致相同的图纸。

“DTC 开发”的教学与实践共计 52 天，历时两年，从零开始的重新设计的试制机最终制作完成。与之前的机型相比，零件总数减少了 55.4%，成本降低了 50.5%，而工作效率、割草速度和发动功率等性能提高了 62.5%。

这些成绩的取得，除了每个开发人员的努力外，也离不开“DTC 开发”的教育。负责联合收割机开发的人员都是我几年前在总部主持的，针对开发骨干的“DTC 开发”课程的毕业生。因此，与其他部门相比，他们对“DTC 开发”的适应能力更强，也更快地取得了好成果。

即使我们很努力，如果守着老一套的开发“方法”不放，就无法实现优质产品开发的。自久保田在中国苏州工厂的第一台联合收割机下线以来，业务急剧扩大，目前在东南亚，特别是在越南的销售也在不断扩大。

6 如何实现优质产品开发

如上所述，我在6个项目中应用了“DTC开发”。这6个项目，项目和开发团队的实际情况都不一样。但之所以都能取得一定的成绩，是因为我在以“DTC开发”为基础的同时，根据实际情况做了一定程度的灵活调整，而没有硬性要求团队成员执行规定。

即使在严峻的市场环境和不利的经营环境下，“DTC开发”的效果也是很显著的。即使是同一个开发人员，根据开发方式的不同，也有可能亏损或赢利。是什么造成了这种差异呢？其实它既不神秘，也不神奇。因为开发人员也是人，他们既有优点也有缺点，有优秀的也有不尽如人意的，总之这些都是人的差异。

除了加强个别开发人员的开发能力外，还必须改进开发体制，以便能够集中精力开发那些能打动顾客的产品。培养如何取舍的能力，以便集中精力开发创造高利润的产品。要做到这一点，关键还是要在细节上下功夫。为了方便大家参考，这里介绍一下自动售货机开发过程中的一些细节：

① 开发部提倡每年至少使用 8 天带薪年假。后来，工会效仿开发部制定了每年至少休 6 天带薪年假目标。这也侧面印证了我们的影响力。

② 此前，为了配合迟到的员工和弹性工作时间的员工，每天的集体会定在午餐后举行。但是，我把这个会改成了早会，每天开工后 15 分钟内召开。结果不但没有遇到特别的问题，还增强了员工的工作积极性。

③ 以前，员工们离开办公室时，资料、图纸都是随手丢在办公桌上，后来开展了“办公桌无物化”活动。到重建工作开始后的第一个黄金周时，办公桌上已经变得一片整洁。

④ 将遮挡窗户的室内办公用具改为不超过窗户的高度，以改变开发工作的环境。通过这个改动，可以清晰地看到窗户附近的树木（与自然共生）。

⑤ 为了改变设计室地面上各种电话线、网线杂乱的状态，聘请专业公司进行整改。之后，用脱模剂对地面进行了清洗，20 年的老建筑恢复成了一个干净的工作环境。

⑥ 制定“3 米规则”，把在 3 米内肉眼看不到的墙壁上的各种帖子全部撤掉。这样省去了我们制帖、贴帖、清墙的麻烦。

⑦ 早晨做广播体操的时候，我们把关闭的百叶窗打开，让大家可以看到外面的情况。在此之前，做操时大家都是面向不同的方向，这回大家都同时面向窗外（向日葵现象）。

⑧ 把日光灯上的节能拉绳开关都拆掉了，反正也没有人使

用。整个房间的气氛一下子变得特别清晰通透。最后一个离开房间的人按下总开关，一次性关闭所有的灯。

⑨ 我给 33 岁以上的单身人士提供私人咨询（婚姻咨询）（男性占 9%）。原因是那些努力工作、工作能力强的人往往会晚婚。后来，工会还成立了内部婚姻咨询服务机构。

我特别想谈谈上面的第①点，我刚进入公司工作时，工作状况与今天所呼吁的劳逸结合的工作方式相差甚远。几乎每天最后一个离开的人都会在“锁门记录本”上写上“24：00 或 1：30”。此外，当我们调查带薪休假的利用情况时，发现几乎所有员工都没有休过带薪休假。的确，我不否认他们工作很忙，但还是觉得这不应该是常态。

我告诉大家，每年至少要休 8 天假，并要求他们提交年度休假计划表。我还鼓励大家，为了提高休假弹性，可以在预定日期之前或之后两周内休假。虽然有人表现出抗拒，但随着带薪休假的人越来越多，不久之后，大家就都开始带薪休假了。

旁白：山口县一名 2 岁男童失踪，但是在志愿者的积极救助下，男孩奇迹般地被找到了（2018 年 8 月 15 日）。听到这个消息，每个人都是既欣慰又感动。

这里，除了两岁孩子的幸运，我还从志愿者的充满热情和勇敢的行动中，看到了真正的人的力量。企业也是一样，解决问题的关键在于培养善于解决问题的人才，再加上部门负责人的积极领导，集中力量，解决问题。“努力是不会说谎的。”

第 4 章

“DTC 开发”与“制造业现场学”

1 我成长于一个强现场

在介绍“DTC 开发”的基础——“制造业现场学”之前，我先介绍一下我自己关于产品开发的学习经历。“制造业现场学”的框架就是形成于这个经历。

不同的公司，其开发现场有着相当大的差异，在我工作过的久保田，开发部门是各个事业部的直属部门，每个事业部的开发部门都汇聚了大量专业人才。在这样的环境中的成长，令我在进入公司还没几年时，就已经有了很强的专家意识。

开发部门分为设计部和研究部，团队按产品划分，一个产品一个团队。团队主要由设计人员和研究人员构成，组成比例大概是 1∶1。设计部具有产品开发策划、设计、制图、成本控制等职能，研究部则拥有能试制、组装、测试，以及进行手工修改、拆卸、评估、分析的技术人才。

团队按规模分别由开发部门部长、组长或项目经理负责。

事业部对未来三年的中期计划做出指示，但实现计划的具体措施都是由开发部门的负责人来制定。因此，企业的未来，就由部门长、组长或项目经理所制定的“产品开发计划书”的内容和执行情况来决定，或者说企业的未来取决于产品开发管理者的能力。

我刚入职时，被分配到了耕耘机设计部，耕耘机是农业机械的主打产品。当时，技术岗的新员工都需要在入职后，先到隶属于耕耘机设计部研究室的高桥学校进行为期一年的实践培训，高桥学校由高桥祯三（1998 年获得黄丝带勋章）主持。

高桥先生是一个让我同时体验到了制造业的快乐和艰辛的人。他是一个很有见识也很受欢迎的人，在管理设计部研究室之外，还负责跨组织拓展面向未来业务。在高桥学校，我们新员工主要进行以下实践。对试制机进行操作、开展耐久试验，以及进行耐久试验后的拆解和实验结果调查。对试验中损坏的零件进行应急处理，以及修改设计方案，并根据需要协助前辈们制作零件。在这里我们还学会了如何切割钣金、焊接、机械加工和绘图。另外，虽然我们是属于耕耘机部门的，但这里我们还有幸接触到了插秧机和拖拉机。

此外，高桥学校为了应对未来有望扩大的产品出口业务，还邀请公司的内部讲师在下班后对我们进行英语会话培训，周六、周日还邀请在公司接受内部培训的东南亚分公司的员工来和我们交流，以加强我们的英语能力和国际化适应能力。在这个过程中，我们带东南亚员工们去了大阪、京都、奈良等地，还一起参加了烟花节等活动。这样的经历有效地提高了我们的国际化适应能力。

在我看来，这些都是因为高桥先生得到了岛本龙二先生

(原久保田高级常务董事) 和吉田敏夫先生 (农学博士、原农作物生长管理系统研究所所长) 的支持。在高桥学校接受了一年的培训后，我有幸留在了耕耘机设计部。之后的十几年，跟随高桥先生和吉田先生，进行了 10 多年的开发工作。

高桥先生和吉田先生的精妙结合，为日本的农业机械化做出了巨大贡献。我有幸在高桥先生和吉田先生的指导下从事开发工作，高桥学校也成了构建我自己作为开发人员的人生基础的、宝贵的工作场所。

1968 年，日本第一台 4 列行走式插秧机 (SPS21) 从这里诞生，农机市场也因此由人工插秧时代进入机械插秧时代。当时，第一年的产量就达到了 12 万辆。1971 年，日本第一台小型四轮驱动拖拉机 (B60000) 上市，年产量达到约 6 万台。这款拖拉机在松软的稻田里仍然能保证良好的行走性能，从而把农民从每天垄头走到垄尾的繁重劳动中解放了出来。

参与插秧机和拖拉机的开发，对于还只有 20 多岁的我来说，是一次学习产品开发精髓的机会。尤其是在拖拉机的开发过程中，我第一次接触到了成本问题。

在这之后，我又有幸在纽约接受了为期三年的技术培训。回国后，在木下三雄先生 (前久保田公司副总经理) 的指导下继续进行开发工作。在我总结出“DTC 开发”之后，木下三雄先生给了我一个又一个业务重建任务，使我得到了进一步提升的机会。我由衷地感谢他。

总之，我成长的现场是一个强现场。

2 变“三弱”为“三强”

“DTC 开发”中的“制造业现场学”是一种培养开发能力的实践教育，以实现优质产品开发为目标。

当寻找开发失败的原因时，我们发现一言以蔽之，就是开发能力不足。如果仔细观察失败的开发案例，你会发现大部分都是达不到盈利目标导致的失败。换句话说，开发能力的弱点表现在了成本上。

那么，如果能准确计算出零件的成本，是否就能开发出质优价廉的产品呢？但是，无论用什么方法来计算成本，零件数量多的产品或加工工序多的产品都会伴随相应的高成本。换句话说，产品开发的整体实力表现在成本上。

进一步调查失败的原因时，我们会发现，虽然每个开发人员的潜力和基本能力都很高，但开发所需的产品“意识”不高，开发“方法”陈旧，专业“技能”不高。

这是开发中存在的“三个薄弱环节”。接下来的内容将详细叙述在“DTC 开发”的“制造业现场学”中，关于在三个方面的实践教育，也就是如何把“开发的三个弱点”变为“开发的三个优势”。

(1) 提高产品“意识”

开发人员的产品“意识”不应该以自我为中心，不能说“我只要画好这个零件的图纸就行了”。要培养这样一种意识，即始终考虑包含该零件的产品对客户有什么用处，对自己所在的企业有多大好处。开发人员的产品“意识”的高度需要超越管理层。

什么是超越管理层的产品“意识”高度呢？即使是公司的总经理，大多也主要关心本财年的销售和利润是否与最初的预期相同，这样当下的问题。至于三年中期计划，总经理一般不会花太多时间考虑。

然而，产品开发却不是这样。根据产品的不同，从开始开发到最终产品上市，可能需要两三年时间。换句话说，开发人员为了实现开发目标，在进行开发工作的同时，还要预测产品上市后的市场环境、经济环境、国际形势，甚至其他竞争对手的动向。这是开发人员的使命，也是“产品意识”的高度。

产品开发意识的高度能带来积极行动的态度，从而能够直面开发过程中遇到的各种挑战，问题也能迎刃而解。为了提高产品开发“意识”，首先要做到干一行爱一行。都说“自己喜欢的就是最好的”，我认为在这之外，天才的诞生还需要高度的意识和不懈的努力。

每当我给下属布置任务时，不会直接下达命令，我一定先问他（她）能不能做到。如果我得到了回答是“能”，我会说：“好的，那就拜托你了，加油！”

如果你把一项工作交给回答说“我做不到”的人，这项工作很可能以失败告终。如果他或她回答说“我不确定我是否能做到，但我很想试试”，有这样积极的态度，那么工作成功的可能性会大大提高。换句话说，如果你在对方信服之后再去要求工作，那么对方工作的“意识”也会提高。

说得更直白一些，就是要提高“我想要……”的“意识”。这是我在中国参观开发现场时意识到的。那些开发人员，因为知道是在为自己学习，所以他们想要学得更多，想要学有所成，想要将来创业。而这些都在无形中提高了他们的产品“意识”。

我想，正是因为他们的“意识”很高，所以他们会尽可能多地问我一些问题，直到他们对我的指导满意为止，一旦他们有了更深的理解，就会尝试着制造出实际产品的试制机。这远远优于日本目前的开发情况。

在开发目标比较高的“DTC 开发”项目中，需要采用许多过去完全没有经历过的新方法和新技术。虽然开发人员知道，这些新方法和新技术在原理上没有问题，但当真的把它们应用到产品上时，还是会感到不安和焦虑。

“制造业现场学”就是为了消除这种不安和焦虑，就是向开发人员展示和他们所面对的问题比较接近的实际产品、相关技术资料，让他们进行现场模拟体验。我收集了大量从汽车、家电等其他行业获得的零件样品，并将它们存放在一个我称之为“百宝箱”的盒子里。当我把这些样品拿在手里思考的时候，总能得到解决问题的提示。很多上了年纪的开发人员都有一个这样的“百宝箱”，以应对新的挑战。为了诱发年轻开发人员的开发动力，使用“百宝箱”进行的“制造业现场学”是有效的。

（2）改良开发“方法”

在我走访过的开发现场，根据公司规模、行业类型、产品类型的不同，开发“方法”千差万别。这些各式各样的方法大概是各个公司在多年企业活动中，经过不断的改进和改革的结果。

当我看到我走访的这些公司的实际产品时，一般都能根据经验知道他们的开发“方法”。如果能看到产品的零件构造和零件形式，就能知道得更准确。如果再能看到零件的图纸，我就能知道具体的开发方法和这个开发方法的缺陷。

从实际产品和图纸中可以看出的开发“方法”的缺陷有以下几点：

- 即使是一个简单的机械零件也存在众多幼稚设计。

→ 开发的创新水平不高，还停留在“防御性开发”的方法上。

- 还在用 10 多年前绘制的老图纸（从图纸上的日期得知）。

→ 回避新的开发，安于以兼用为美德的开发“方法”。

●绘图方法守旧，不符合 ISO 或 JIS 标准。

→ 企业体制陈旧，国际化意识淡薄，没有意识到自己的开发“方法”已经过时。

●需要双手拿着工具来组装的工序多。

→ 开发部门和制造部门之间缺乏合作、协调的开发“方法”。

●许多结构和零件形式没有考虑操作性、成本。

→ 不是以客户为中心的开发“方法”。

这些开发“方法”无法高效解决问题。我经常听到有人说：“这是内部标准，不能改。”但很多时候，这些内部标准就是“标准的浪费”。国内和国际的公共安全标准、环境标准当然必须遵守，但内部标准应每隔几年就进行一次修订，这样才能走在竞争对手的前面。

正如前面提到的，按职能分工的开发“方法”，很难开发出优于其他企业的创新产品。根据我的经验，开发高创新产品的最佳方式是建立项目，并由项目经理监督开发的各个环节。

针对成本目标和开发进度目标，要有一套一定能实现目标的开发“方法”。为此，需要设定一个比原目标更高的目标值，并且实施针对更高的目标值的开发“方法”。

换句话说，开发目标中应包含 5%的成本储备（Cost Reserve）。例如，为了实现成本降低 30%的目标，计划中纳入 5%

的 CR，开发目标为 35%（30%+5%）。

如果将 20%的进度储备（Delivery Reserve）计入开发进度，实现开发进度目标的可能就更大。但是，在“产品开发计划书”中最好不要规定 DR。如果规定了 DR，管理部门和销售部门可能会说：“如果能这么快，那就快点推向市场吧！”

在开发的实践过程中，每当出现阻碍时，一般都需要改进开发“方法”。这是因为如果坚持旧的开发“方法”，就只能开发旧产品。所以对于制造企业的创新来说，改良开发“方法”是非常有效的。

（3）提高专业“技能”

无论设定多高的开发目标，如果没有专业“技能”来实现，都只是画饼充饥。为了提高专业“技能”，让学生通过“制造业现场学”进行模拟体验，应用“IP 提取”从其他行业中得到提示，然后将之运用到实践中去，是非常有效的方法。

由于产品开发是各种技术的集合，所以开发人员应该是对各种相关技术都有一定了解的综合型人才，而不是只懂一门技术的专精型人才。

无论如何，至少除了 IT 相关的工程人员外，钢铁制品的技术领域的开发人员，需要有内部培养体系。我刚进久保田的时候，有轮岗制度。我先从①传动系统的设计开始，然后再到②液压，③操作，④壳体，最后是⑤外观设计。在经历了这一系列轮岗后，我终于作为正式的开发员工被认可，也可以做项目经理了。这些轮岗起到了现场教育的作用。

如今，进入一家公司后，公司要求你立即发挥作用，在单一的工作岗位上，一边工作一边积累经验。当然，这样的经验也很重要，但我的座右铭是“教育胜过经验”。因此，要想在竞争中胜出，就要在开发工作中创造“教育”的机会，培养开发人员的开发能力。如果我们这样做，就会比没有“教育”的竞争对手更有竞争力。

3 通过"IP提取"学习工业技术

自然界的生物为了生存，通过变异或进化来适应环境。企业为了在激烈的竞争中生存，"进化"也是必需的。

然而，在制造业的世界里，要做的"东西"是根据"当下"的顾客需求来开发的，只有当设计人员把这一点反映在图纸上时，开发的产品才可以称得上是经过"进化"的产品。

在竞争激烈的行业中，各个领域的新技术被不断地开发出来，并且得到实际应用，之后在整个行业中得到推广。通过学习这些先进的技术，可以在这些技术的基础上，进一步在自己的领域内创造出新技术。汽车、家电、IT行业是其中具有代表性的例子。

在我的"制造业现场学"中，开发主题确立后的第一步，先拆解汽车、家电、IT产品，学习其他行业的技术。特别是汽车，因为汇聚了各种技术，所以我们每隔两三年就会拆解一次汽车，已经持续了大约30年。拆解的汽车一般都是我们以2万元左右的价格从汽车修理公司买来的报废汽车。

到目前为止，我们已经拆解了铃木的吉姆尼、希望汽车的希望之星、大发的米拉、丰田的卡罗拉、本田的飞度等。

家电方面则拆解了洗衣机、冰箱、电风扇、复印机、电脑、车载导航系统、手机等。这些并不需要是最新的型号，即使是10年前的产品，在各个零件和结构上也有值得我们学习的地方。

我们如何从这些实物中学习呢？光看别人拆解后整齐排列好的零件，很难看出关键，往往只是浪费时间。这个学习需要每个学员“动手”“动脑”。

我们告诉他们怎么做，给他们下达指标和定额，让他们自己拆装零件。这样一来，他们就能明白如何组装，为什么要这样组装零件，以及用到了什么组装技术。我们可以从拆装的构成中学习到结构设计的巧妙之处。但是为了防止在拆装过程中受伤，必须事前进行安全指导。

像这样，在每个成员按照局部拆解、部分拆解、全部拆解的流程，亲身拆解零件后，要求成员找出印象最深的“IP（Impressed Point）”，并且以示意图的形式进行整理，每个人的指标是30个，整理后做成IP提取表。

要一边思考“怎么组装的？是什么结构？为什么做成这个形状？”，一边进行拆解。反正也是报废车，弄坏也没关系。在这个过程中，经常会听到成员间这样的对话，如“哦，这太神奇了，我也要用这个结构。原来如此，还有这样的想法”。

IP提取表在拆解完成后制作也可以，分解过程中制作也可以。最好是在分解过程中制作，这样不容易忘记，准确度也高。

为了能够通过示意图来展示“IP”，就需要锻炼眼力，把零件形状观察透彻。而且这个过程中经验都会积累在脑海里。

在所有成员都完成IP提取表后，规定好时间开报告会，互相分享成果也很重要。在报告会上，每个人一边手里拿着相关零件，一边把自己发现的“IP”展示给大家。

此外，虽然完成“IP提取”后的零件一般会按材质分别废弃，但很多开发人员会把列为“IP”的零件切割下来，存放在自己的“百宝箱”里。如前所述，当他们将来成为管理者时，可以将其作为教材，用以提高下属的产品“意识”。

4 通过“成本计算手册”共享成本信息

在我指导的开发现场，经常有开发人员问我：“三木老师，成本计算手册要如何编制？”这时我一般会反问：“你们在绘图时是否知道所绘零件的成本？”答案往往是：“我们不知道成本，要等到供应商给出估价，才能知道成本。”在我看来，目前很多开发现场虽然认识到了成本的重要性，但还是没有在开发阶段考虑成本要素。

“成本计算手册”对开发人员之间共享成本信息极为重要。在“制造业现场学”中，我会教授学员如何制作简单易用的“成本计算手册”。

例如，对于工厂的车床加工，车削成本是由加工零件所需的加工时间决定的，但开发人员往往无法想象出加工所需的时间是多少。为此，“成本计算手册”采用从材料外径的切口深度和宽度来确定成本的方法。同理，焊接的成本是根据焊缝长度和焊腿长度来计算的，也不是根据焊接时间来计算的。

制作的“成本计算手册”不应一开始就以完美计算成本为目标。成本没有对错之分，是由供求关系决定的，所以能粗略地计算出成本就可以了。重要的是，开发人员在开发产品时要时刻考虑成本因素。

我认识到成本的重要性，并着手制作“成本计算手册”的灵感来自我参与的日本第一台小型四轮驱动拖拉机的开发项目。当时正值四轮驱动汽车的市场热度高涨期。

这款小型四轮驱动拖拉机，旨在将铃木的吉姆尼、希望汽车的希望之星等四轮驱动汽车在不良路况下的优良行走性能应用于在软湿的田地里作业的拖拉机上。然而，虽然这款拖拉机在湿地作业时的行走性能突出，但由于是四轮驱动，成本较高，从盈利的角度考虑，公司没有下达生产许可，开发项目也被迫中断了。

因此，包括我在内的开发人员不得不把本职工作暂停一年，奔赴日本各地的厂家，获取报价单，以期大幅降低成本。

当时，当我与三菱汽车下属的一家位于水岛工业园的公司联系时，听到了“成本是开发人员创造的”这句惊世骇俗的话，这令我对成本的概念有了新的认识。对我来说，这是一个很大的启发，我从此开始学习成本计算的技巧、加工、模具制造、组装等工艺。将从这家公司收获的成本资料以及成本思维，以及从日本各地收集到的报价单，总结成了第一本“成本计算手册”。

通过这些努力，公司恢复了暂停的拖拉机项目。充分利用这些降低成本的措施，并将它们融入图纸，最后取得了新的四轮驱动拖拉机的成本低于原有的两轮驱动拖拉机的结果。质优价廉的四轮驱动拖拉机（B6000），也获得了公司的生产许可。

合理运用“成本计算手册”也很重要。如果是自主设计的产品，需要10家厂商的报价单，如果是外购的产品，需要5家厂商的报价单，要尽可能保持一定的条理性。你可能会疑惑，为什么需要这么多的报价单？或者说，这样的话，光是取得报价单就很费时，有这个必要吗？理由是常识与现实之间存在着很大的差距。我下面再具体解释一下，免得大家误会。

在日本，大多数情况是获取三家厂商的报价，然后选择价格最低的那家。在这种情况下，人们普遍认为，三家厂商之间的差别不大。另外，如果是已经有业务关系的三家公司，差别就更小了。

但是，如果将报价厂家的数量扩大到自主研发产品的情况下10家，外购产品的情况下5家（包括海外企业），差别就大到令人吃惊了。

我在上述的四轮驱动拖拉机开发过程中使用“10家报价单”的成功经验，让我更加确信这个方法的效果。在后来的“DTC开发”中，我一直采用自主开发的产品10个报价，从专业公司购买的产品5个报价，每次都切实地感受到了效果。实际上，如前所述，在市场上竟然有这样的现象，一根方管的单价竟然和制造这根方管的原料板材的价格是一样的。所以，只要你足够努力，就能得到超常识的效果。

关于如何制作和使用“成本计算手册”的更多信息，请参考我的另一本书《零件减半》。

5 以“示意图”作为交流工具

在久保田的工厂里，每年都举办一次被称作“梦想奥运”的活动。“示意图大赛”就是比赛项目之一，参赛者需要在60分钟内手绘完成四张A4图纸。题目分为两个类型，根据给定的立体图画出三面图，根据提示的三面图画出立体图，每个类型各有两题。

在开发部门，示意图是比较常用的，例如在开发人员讨论产品的结构和零件的外形时，一边绘制示意图一边解释的话，既可以加深理解，又方便讨论。

示意图可以画在白板、图纸的空白处或备忘录纸上，一边绘制示意图，一边讨论，“这个结构做成这样吧。或者，这个零件的形状怎么样？不，我觉得这样更好”。设计大纲和概要就是这样，通过与上级、同事的谈话决定的。如果在测试试制机的过程中，某个零件被磨损或损坏，我有时会用手边的工具的尖端作为笔，在实际的试制机前的地上画一幅示意图。

在“DTC 开发”中，示意图经常被用作技术交流的工具。画示意图的目的，是向对方说明产品的结构和零件的形态，以获得对方的理解，所以每个人可以自由地用自己喜欢的方式绘制。总之，只要你想传达的信息能正确地传达给对方，绘制成什么样都可以。

“示意图”这个词本身是开发领域的一个俚语。虽然在开发领域，很多时候，“这个”“那个”等文字已经足够达到沟通的目的，但是使用图片和图表的话，可以更准确地传递想法。

因此，“示意图”的绘制能力和图纸的绘制能力都很重要，在“制造业现场学”的指导内容里，绘制“示意图”是一项重要内容。虽然没有统一的“示意图”绘制规则，但根据绘图法中的三角法和等距投影法对学员进行绘图训练，就能达到很好的效果。

在使用“示意图”制定的设计草案完成后，要提交给同事和上级审阅，并征求他们的意见和评价，然后进行完善。在得到他们的批准后，绘制成 CAD 图纸，再开始新一轮的讨论。这样一来，随着对示意图和 CAD 图纸的讨论的增多，好的想法越来越多，产品也越来越完善。

虽然有一些产品一上来就直接使用 CAD 绘制，但构思设计草案一般是从示意图开始的，当示意图中的构思确定后，才开始 CAD 制图。究其原因，是因为依靠 CAD 系统，和单个设计人员的技术，无法创造出行业内的顶级产品。通过示意图形成草案后，再使用 CAD 制图可以大幅缩短开发周期，同时可以使多种思路汇集在一起，形成高水平的设计。

“DTC 开发”与厂家普遍采用的开发方式的根本区别在于，是否在绘制 CAD 图纸前，存在使用“示意图”来构思以及集思广益的阶段。在我走访的厂家的开发部门，几乎都没有这个阶段。

6 任何人都可以胜任检图的“制图法”

过去，开发现场的绘图是由绘图员在约一平方米大的绘图板上用铅笔在纸面上绘制，但是从1970年左右开始，CAD迅速普及。当时的CAD是二维形式（2D-CAD），在平面上画出三个视图（正视图、侧视图和平面视图），基本上与传统的绘图方式相同。

之后的几年，在经历过绘图板和CAD一起使用的并用期后，绘图板逐渐被CAD取代。如前文所述，在CAD引入初期，键盘操作的反应性能较低，切换屏幕的等待时间也较长，存在相当多不尽如人意的地方。但是随着CAD软件的升级，这些问题逐渐被解决。

进入90年代后，可以绘制立体图纸的3D-CAD开始出现，并且随着时间的推移渐渐成为主流。3D-CAD除了有结构分析等功能，还可以与工厂的生产设备、模具制造联机，相互配合。

然而，很多公司都存在对如何运用3D-CAD绘图和检图的培训不足的问题。在产品开发阶段，必须有可以用来检查的图纸，但存在着很多上级和同事难以理解的低质量图纸。这些图纸无一不是单纯依靠设计人员个人能力完成的。3D-CAD 的引入，虽然在某些情况下，使零件和产品的外观检查变得容易，但检图的难度似乎已经成为开发过程中的瓶颈。

在我走访的很多厂家的开发现场，不但没有进行“示意图”的培训，甚至连制图教育的重要性也没有被意识到，这很不可思议。在指导过程中，我花了很大的力气，教他们如何绘制出人人都能检查的图纸。

虽然在“制图”教育中也有 CAD 操作技术的培训，但我认为，如何在图纸上绘制出准确的信息，并将其准确地传达给他人，这是 CAD 操作技术的前提条件，但是这方面的指导相当缺乏。当我走访各公司开发现场时，只要一看图纸，就可以知道这家公司的开发水平。质量问题和成本问题在图纸上一览无余。

图纸是开发人员的语言。如果有开发人员不会绘图或看图，同组的人应该教他。由于开发人员一般具有基本素养，只要肯学，当场就学得会。制图是“制造业现场学”中最基础的内容。进行企业内部培训，让开发人员能画出简单易懂的“计划图”“零件图”“组装图”是很重要的。

首先，如果你通过了“机械/生产线制图国家技能二级认证”，就会被认为是一个掌握了制图基本技能，具备了与其他开发人员沟通的基本能力的人。另外，准备这个考试时要保证能够轻松通过考试。认证的合格分数是实操和学科考试分别达到 65 分以上，但公司制定了内部标准，将分数提高到 80 分以上，并为此提供专门的内部培训。一般经过三个月的培训后，学员都可以轻松通过考试，合格率大约是98%。

提高内部标准，不单单是为了提高实际考试的通过率，更重要的是为了保证考生的水平。如果学员只是勉强通过考试，那将很难参与实际开发工作。所以，把能力提高到80分是很有必要的。

虽说一般只要努力训练，基本上都能通过考试，但还是有大概2%的人通不过。我在担任久保田机械设计公司总经理时，每年5月至9月对久保田总公司的新员工（约100人）进行绘图教育、成本计算教育、降低成本技术教育等培训。学员当中，每年一般有两个人跟不上制图的培训进度。

我认为，这是人与人之间大脑结构的差异导致的。这些学员除了制图，其他素质和技能都没有问题，应该被分配到不需要制图的技术领域。过去，我的项目组被同时分配了两名新员工。两个人都是国立大学的优秀毕业生，其中有一个人在图形思维方面比较薄弱，虽然他比别人更努力，但是在进行绘图等开发设计工作时，他们之间有很明显的差距。

即使你会制图，但如果画出来的图别人看不懂，也是没有意义的。要想学习如何画出任何人都能看懂的图纸，需要依据ISO标准和JIS标准。如果年轻的时候就开始学习，效果会更好。如果你以自己的方式绘图，那就会像“方言”一样，只有你自己懂。

不过，这样按照自己的方式画图的人其实并不自知，因为同行业的人通过长期的合作和相互了解也能看懂这类图纸。有这样一个例子。

实际的零件是由一个钣金件和几个零件焊接而成，但当我看到零件的图纸（焊接后的完整图纸）时，我感到很吃惊。虽然是焊接的零件，但图纸上竟然没有焊接说明。我问负责人，他说：“焊接的事，供应商都知道。也就是说，即使在图纸上没有写明，供应商也能理解焊接点和焊珠的堆焊程度等技术细节。”

图纸和根据图纸制作出来的实际产品应该是一致的，这是制造业的基本原则。但这样不可思议的事情居然在本应是制造业先进国家的日本存在（现在已经改进了）。

具体的绘图法请参考我的另一本书《成本减半》。

第5章

根据“产品开发计划书”来开发产品

1 通过市场调查，找出如何打动客户的方法

（1）给客户的“三个感动”

所谓制造业的开发，是指开发人员代替顾客，创造出顾客想要的产品，并带着感情和信心将其一边交给顾客一边说：“我们创造出了您想要的产品，请使用。”为了实现这个目的，最好的方法就是倾听客户的“声音”。

然而，随着公司规模的扩大和组织结构的复杂化，传递顾客的“声音”变成了“传声游戏”。

① 销售公司的业务员听取客户的“声音”（包括心声）后，向总经理汇报。

② 总经理将其传达给总部的销售部门。

③ 总部的销售部门将其传达给产品开发策划部。

这样一来，客户的“声音”通过多个部门和人员进行传递。

这种“传声游戏”不能传达顾客的真实意图。结果是对顾客提出的问题缺乏透彻的理解，导致产品开发时没能真正考虑顾客的需求，做了很多工作，却没有相应的成果。

关东地区的一家大型汽车零件生产企业，就是一个典型的例子。开发人员对顾客的要求掌握得不多，只是按照上级领导的指示进行开发工作。

广岛的一家大型机械制造商在其总部设有开发部门，但实际的开发工作是由分包商进行的。总部开发部的负责人仅是分包商和公司之间的联络员。

“DTC 开发”的主要目的，是基于顾客的视角，通过产品开发来实现“业务创新”。为此，产品开发人员以“给顾客三个感动!”为口号，推进开发工作。这“三个感动”分别是:“看后感动（外观和价格）”“购买后感动（性能和功能)”“使用后感动（易维护和耐久性)”。

在顾客购买产品时，一定有某种因素能加强顾客的购买动机。“三个感动”就是这个动机。然而，要预测具体是什么感动了客户是相当困难的。如果开发人员自己能走进顾客的心灵，了解顾客的感受，那是最好不过了。

(2) 开展市场调研，倾听“真实声音”

在“DTC 开发”中，要求开发人员走近顾客，切身感受顾客的需求，进而创造出反映客户需求的产品。因此，我们鼓励所有开发人员走访客户，参加展会，和销售人员一起推广产品。甚至规定，开发人员每年用在这些活动上的时间不得少于 10 天。

首先，要求他们提交一年的时间表。然后，要求他们以每天200件的配额，努力收集市场的“真实声音”。具体来说，他们会记录以下信息：

① 从顾客那里听到的信息。

② 自己在市场上看到的情况。

③ 顾客没有谈到、开发人员自己也没有看清楚的市场的独特氛围。

顾客会告诉我们，他们不满意的地方和满意的地方，以及他们希望改善的地方。此外还有，顾客没有说出来，但是开发人员通过自身经验察觉到的问题，如漏油、缺零件等；开发人员从与顾客交谈时的独特氛围中感受到的问题以及具有地域性质的问题，如人口老龄化、后继无人、当地经济环境恶劣、自然灾害频发等。每天要收集200件诸如此类的顾客的声音是非常繁重的任务。有的人连50件都收集不到，但另一方面，有时也会出现数量不多但是内容很丰富的现象。

我30多岁时，在拖拉机开发部工作过。那时，开发工作之外还负责过“立足农田，开发农机”活动的教育工作。其中的一次活动是由开发部全体成员参加的为期7天的市场调查。开发人员奔赴日本各地，倾听农民的真实声音，参观展览会，和销售人员一起促销。这次活动也采用了“DTC开发”，不过当时还没有每天200项配额的要求。

现在有IC录音机等工具，可以长时间录音，但在那个年代，我们还在使用磁带录音机。皮包里一直装着满满的备用磁带不说，回到公司后的整理工作也很费时费力。不过，既能听到市场的“真实声音”，又能呼吸到当地的新鲜空气，也是一种享受。

当我们把这些数据带回公司，将它们分为性能、功能、安全、价格和其他厂家的信息等项目时，以前只能看到一个点，现在变成了一条线，然后是一个面。尤其珍贵的是关于顾客不满意方面的信息，虽然这些问题不可能一一全部应对，但是把这些信息从战略层面上反映到开发上，一定能开发出打动顾客的产品。根据这些信息，我们把新机型的卖点缩小到三个，并开始具体实施。

有人问我为什么是三个，其实没有特别的理由。这是一个我个人的理论，逻辑如下：因为 3 是奇数，既具有开放性又具有一定的稳定性。2 太少，是偶数，没有开放性，很难引起顾客的共鸣。4 也是一个偶数，但是太过于稳定，缺乏吸引力和冲击力。5 太多，客户会迷惑。总之，就是这样一个逻辑。

我所参与开发的成功产品正是从这种方法中诞生的。在拖拉机的开发工作中，我们开发了 3 项新功能：

① 四轮驱动；

② 动力转向；

③ 挡雨板驾驶室（使用树脂的材质，可自由拆卸）。

在之后的系列机的开发工作中，我们在以上的基础上，又开发了下面的3项新功能：

① HST无级变速（没有离合器踏板）；

② 快速转弯；

③ 机体上附着的泥浆量（1/10）。

在插秧机的开发工作中，我们开发了以下两项新功能：

① HST无级变速（没有离合器踏板）；

② 增加了“越埂臂”来提高安全性。

基于这些开发，降低了价格（96万日元到59.8万日元，降低了37.7%）。

下面为大家介绍一下医疗领域的情况。医疗领域有和制造业类似的课题。在对东京某大学医院从事医疗工作的医生（放射科）的采访中，我们听到了和制造业一样的声音。

据该医生介绍，医院要求大型医疗厂商的系统工程人员修改软件时，一般轻易得不到回应。但向这家大型医疗厂商的分包商的系统工程人员提出同样要求时，立刻就能得到正面的回应。

这种差异从何而来呢？根据我的分析，这当然有可能是产生于相互间的信任关系，但我认为更有可能是产生于系统工程人员的能力差异。就是那些可以自己直接修改系统的人，和那些虽然是系统工程人员却要请分包商来修改系统的人之间的区别。一个与顾客（医生）打交道的工程人员不应该仅是一个联络员。负责开发产品的人必须直接倾听客户的声音。大公司的一个弱点是，有很多人并不能处理好自己的本职工作。

据另一位给医疗设施中引进了新干线的管理系统的大阪某公立医院的医生介绍，之所以将新干线管理系统引进医院，是因为负责该系统的工程人员的反应既迅速又准确。虚心地倾听客户的声音，并对客户的需求做出快速反应，这是制造业的基本态度，在医疗领域也是一样。

2 如何了解当前的技术水平？

(1)"IP提取"与"PP提取"

为了开发新产品，必须对现有的技术水平有一个准确的认识。以现有技术为出发点，考虑新产品能给客户带来多大的好处，能便宜多少。如果市场上有竞争对手的产品，要了解自己的产品和竞争对手的产品在技术上的差异，性能上孰优孰劣，并从中总结开发战略。

我经常拜访的一家韩国厂商，将竞争厂商的产品拆解成单元和单个零件，并排放置在开发现场，产品开发人员可以经常参观，了解其他公司的技术。看到开发人员热切地看着手中的零件，并在笔记上做着记录，确实令人鼓舞，也显示出了开发现场的活力。

对现有技术的了解是在开始开发工作之前评估现有机型的技术水平的一个步骤，既要找出现有机型的"优点"，也要找出现有机型的"缺点"。这个可以通过"IP提取"和"PP提取"实现。"IP提取"前面已经介绍过了。

“PP 提取”指的是问题点提取（Problematic Point），“PP 提取”是一种寻找开发过程中潜在问题点的方法。具体来说，就是给出产品总零件数（图纸数）两倍的配额，不仅预测和提取表面的问题点，还要预测和提取尚未显现的问题点，充分发挥每个开发人员的眼力和想象力，一边识别问题点一边推进开发。

一方面，通过“IP 提取表”总结出优点。另一方面，通过“PP 提取表”列出缺点，全方位掌握目前产品的技术水平。

在“PP 提取”中，对于每一个 PP 项目，都要提出改进措施，同时大致说明计算效果的方法，“如果针对这个问题采取这个措施或这个新技术，那么预期效果会有多大？”

规划 PP 项目的改进措施，通常是项目经理的职责。以现有机型的技术水平为基准，制定如何通过增加战略性的新技术，来开发出更有价值的新产品的计划。

(2) 客户的“获益”与厂家的“获益”

“IP 提取”和“PP 提取”的意义在于，它们都是站在顾客的角度进行评价的。

① 顾客视角是指从顾客的角度出发，是否“获益”的思维方式。

② 与之相对的是厂商视角，是指从厂商角度出发是否“获益”的思维方式。

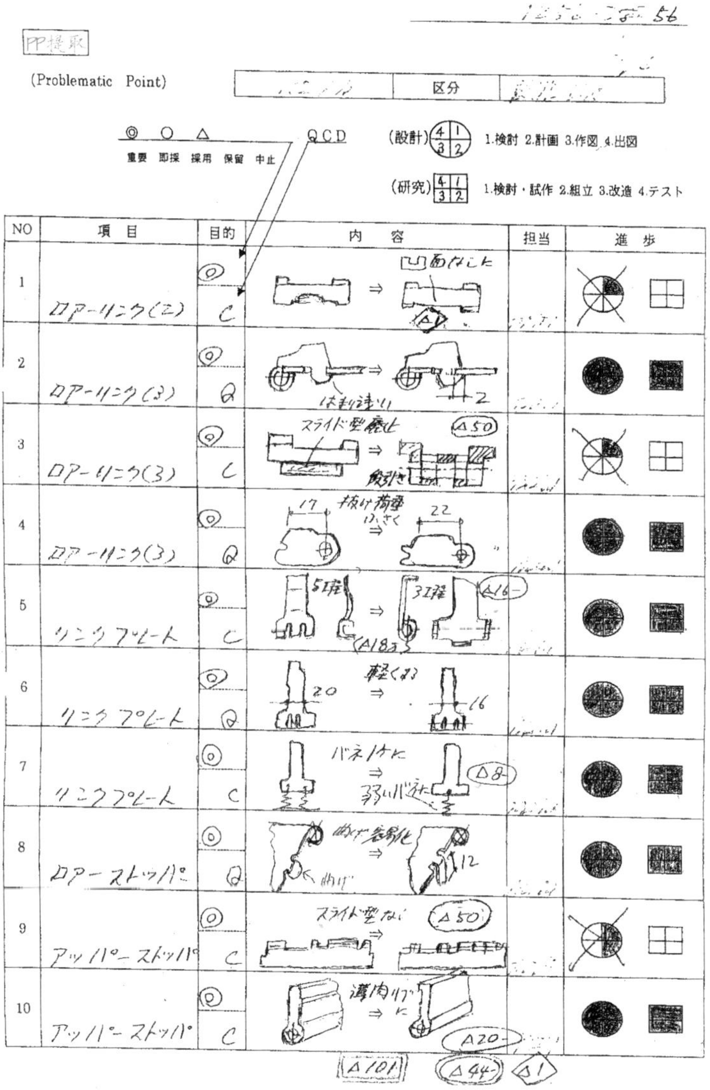

PP提取

(Problematic Point)

	区分	

◎ ○ △ QCD
重要 即採 採用 保留 中止

(設計) 1.検討 2.計画 3.作図 4.出図

(研究) 1.検討・試作 2.組立 3.改造 4.テスト

NO	項 目	目的	内 容	担当	進 歩
1	ロアーリンク(2)	◎ C	⇒ 凹面なしに Δ1		
2	ロアーリンク(3)	◎ Q	⇒ 2		
3	ロアーリンク(3)	◎ C	スライド型廃止 Δ50 ⇒		
4	ロアーリンク(3)	◎ Q	17 抜け荷重 小さく 22		
5	リンクプレート	◎ C	31程 ⇒ Δ16 Δ183		
6	リンクプレート	◎ Q	軽くする 20 ⇒ 16		
7	リンクプレート	◎ C	バネなしに ⇒ 弱いバネに Δ8		
8	ロアーストッパー	◎ Q	⇒ 曲げ 12		
9	アッパーストッパー	◎ C	スライド型なし Δ50 ⇒		
10	アッパーストッパー	◎ C	薄肉リブ ⇒ に Δ20		

Δ101 Δ44 Δ1

图 5-1 PP 提取方法

这里我重点要提的是第三个视角。

③ 开发人员的视角，充分发挥智慧和技巧，让顾客和厂商双方都“获益”。

在制造业中，这三方的观点不应该是相悖的，而应该是互惠互利的（别人“失去”而只有你“得到”的关系是不可持续的）。

毋庸置疑，一个厂家的有序经营是靠它所销售的产品来实现的，只有厂家生存下来，顾客才能购买到更丰富的产品，享受到更舒适的生活。用技术和智慧坚持打造产品，确保任何一方都不“吃亏”，这是开发人员的职责所在。造就客户和制造商之间双赢的关系也是开发人员的使命。

以液压缸为例，它是由活塞和缸体两部分构成，过去是这两部分可以拆卸的结构，但是，现在由于密封的耐用性的提高，采用了廉价的填缝或焊接的一体化缸体。

这种技术对客户来说是一种“获益”。这是因为对客户来说，在维修时，更换液压缸的最小单元件变得既简单又便宜。

另一方面，厂家“受益”是指，既降低了整体成本，又降低了维修配件的储存和管理成本。

说得更详细一些就是以下这 5 项：

① 减少了加工工序，降低了单元件成本。

② 缩短了外形尺寸（纵向），增加了摆动范围和升降能力。

③ 维修时不需要具有高级服务技能的人员。

④ 不需要将单个零件装袋存储。

⑤ 由于是以单元件的形式存储，存储空间大大减少。

以汽车为例，当汽油价格变高时，低油耗的小型车受青睐，而当油价变低时，空间大的箱式车需求增加。几年前客户决定购买新车的标准，和现在或将来选择换新车的标准会有很大的变化。

一般来说，随着人们的生活变得富裕，需求也越来越复杂，越来越多样化。另外，当市场不仅是在日本国内，还拓展到海外时，有很多事情都超出了我们已有的认知。

还有一个导致复杂化的因素，行业提出的所谓为客户代言，并没有真实反映客户的意向。

如上所述，营销评估的难度较大，所以开发初期，最好不要过分追求计划的精度，要循序渐进，逐步提高准确性。因此，在产品开发中，要一边开发一边微调开发目标，同时要对市场的变化保持敏感。

3 “产品开发计划书”也是承诺书

根据产品的不同，开发期一般为1—3年，为了有效利用这段时间，实现开发目标，项目经理必须制定出一份坚实的“产品开发计划书”。计划的内容必须事先在业务部门内部进行详细讨论，并达成共识。这是一个包括生产、销售、服务、管理部门在内的各部门的共同决策，最后由事业部长批准。

过去，“产品开发计划书”没有固定的格式，内容也相对自由。也许正因为如此，在审视失败的开发案例时，我发现在很多计划书中都没有标明具体的数字指标，而只是停留在抽象性的和精神论层面的表述。

相较于因为担心开发失败而制定不具体的开发目标，以明确的数值为目标的开发，才是更严肃认真的做法，也会带来更好的效果。因此，我制定的“产品开发计划书”会具体地说明，通过产品开发进行企业重建的必要性和目的，一般将以下5项内容概括在最多两张A3纸上。

① 企业的现状和课题。

② 为解决问题而设定的产品开发目标（QCD数值目标）。

③ 与竞争对手产品相比较，自己的产品有哪些优势。

④ 技术措施和实施方针。

⑤ 开发成果的前景。

计划书中大量地运用图、表，以便让读者在一分钟内就能明白主旨。

在久保田，以上的①②③④⑤项所总结的“产品开发计划书”成为重建亏损业务的范本，项目完成之后计划的复印件（去除所有机密资料）被传给其他业务部门，作为制定计划时的参考。

把“产品开发计划书”和图纸一样对待也很重要。如果部分内容发生变化，则每次变化时，应该像管理图纸的图号那样，将“产品开发计划书”的号码的最后一位的数字加1。

由于开发周期较长，所以应该把开发看作一场马拉松，而不是一场短跑。应该具有一定的灵活性，以应对开发期间可能发生的变化。换句话说，“制导导弹式开发”比“弹道导弹式开发”有优势。

“弹道导弹式开发”是指完全根据“产品开发计划书”来开发的开发方式，目标清晰、步骤明确是其优点，然而在某些情况下，这可能还是不够的。如果其他公司从不同的角度推出新产品，或者市场发生重大变化，就需要适时修改开发内容，为此，我向大家推荐“制导导弹式开发”。

制定“产品开发计划书”是让开发人员全身心地投入到产

品开发中去的必要条件。开发人员要为实现开发目标负责。换句话说，“产品开发计划书”不仅是开发部门和各个业务部门对业务创新达成的共识，也承载着开发人员的“承诺”。因此，在审批时，事业部长必须给项目组的每个成员颁发聘书，以明确他们的责任。

基于“产品开发计划书”的开发中，可能会有与企业中期计划直接相关的主题，会对企业未来的开发趋势有很大影响。因此，每三个月的 Q（质量）、C（成本）、D（日程）目标管理非常重要，建议在“产品开发计划书”中加入每三个月的“进度确认”流程，让各相关方参与其中。

在每三个月一次的“进度确认”时，生产、质检、销售、总部行政等相关部门的代表要齐聚一堂，共同探讨。但针对初期的产品开发计划，如果没有特别的问题或变化，可以采取简单的方法，不召集相关人员参会，而代之以分发文件的方式。

此外，在开发过程接近尾声时，经常会在试制机测试阶段发现质量问题。如果有可能影响到进度，应召开包括外部人员（开发团队之外的人员）的临时“进度确认”会议。之所以要进行这样的“进度确认”，是因为如果没有第三方的参与，不能保证客观性。在开发过程中，有些问题可以用数字来评价，但也有很多问题是靠“感觉”来评价的。所以容易出现开发团队内的个体之间的差异和开发团队之间的差异。由于这些原因，“第三方”的评价是有效的。

4 用数字表现“实惠感”

(1) 价格下降15%，性能提高20%，“实惠感”提高35%

农民购买农业机械的动机是多种多样的，如为了减轻耕作的辛苦，为了提高工作效率，为了提高农作物产量，为了提高农作物质量等。

另一方面，就汽车、家电等热门产品而言，因为产品更新换代的需求是主流，所以价格竞争持续加剧。虽然厂家自行制定售价，但可以毫不夸张地说，现有产品的价格实际上是由顾客决定的。在顾客心目中，根据产品的功能、性能、质量的程度，会对售价有一个大概预期。换句话说，产品的售价要符合这个预期。

然而，即使设定与这个预期相匹配的价格，也不意味着顾客会立即购买。这是因为像家电和汽车这样的产品，市场已经基本饱和，所以顾客在下决定是否更新换代时，会更看重产品是否经济实惠。

在“DTC 开发”中，我们制定了通过价格降低 15%，性能提升 20%，“实惠感”提高 35%，从而实现营业利润达到 10%的开发目标。

“实惠感”提高 35%，营业利润达到 10%的开发目标并不是由公司自上而下制定的。为了最大限度地发挥产品的优势，我试探性地提出了这些数字，而随着开发的推进，我发现这些数字似乎是可行的，于是我大胆地在“产品开发计划书”中注明了这些数字。而目标之所以得以实现，恰恰因为它是如此明确。

在插秧机业务的重建中，竞争厂家面对我们的产品优势举起了白旗，在自动售货机业务的重建中，边际利润率提高了 20%，大大超出预期。

这些数字目标不会一直不变。我想，它们只是我的开发经历中的一个节点。如上所述，我在当科长时提出的“成本降低 25%”，后来演变成了“成本减半”，而且成为当前的主流。

但是，从我目前走访的企业来看，虽然他们也有详细的数字开发目标，但似乎没有明确的战略方针和具体措施。为了发挥开发人员的综合实力，制定明确的“数字目标”将是成功与否的关键。

因此，“DTC 开发”的目标是在功能、性能和质量上，比竞争对手的产品提高 20%，售价降低 15%，“实惠感”提高 35%。

（2）如何提高“实惠感”?

把“实惠感”与具体金额挂钩并不容易，于是我决定将客户感知到的“获益”换算成年度金额，并以产品售价的百分比来表示。客户的年度“获益”是指当前机型和竞争对手的同类机型相比较的结果，但是不能转移到产品售价上的那部分。下面举例说明：

① 以自动售货机这样的电气设备为例，若当前机型的日耗电量为4.8千瓦，而开发机型节能20%，则节能效果为4.8×0.2=0.96千瓦。如果每千瓦时的电费为25日元，则25×0.96=24日元/天，也就是说，一年节约24×365=8,760日元，如果产品售价为30万日元，那么8760÷300,000≈0.03，“实惠感”就是3%。

此外，如果一款新机型比之前的机型轻了30%，使装卸工作比以往更加轻松，过去装卸需要两个人，而现在一个人就可以完成，则按以下方式计算“实惠感”。

假设一件售价30万日元的产品每年装卸20次，如果将两人工作10分钟降为只需1人工作10分钟，客户的工作时间按100日元/分钟计算，旧机型为100日元×10分钟×2人×20次=40,000日元/年，新机型为100日元×10分钟×1人×20次=20,000日元/年。由于新机型每年便宜2万元，20,000÷300,000=0.066≈0.07，所以“实惠感”就是7%。

② 现在的拖拉机、插秧机、联合收割机，通过操作挡杆就可以自由换挡（虽然结构和无级变速的汽车不同，但操作方法相似）。而老款车型，需要踩下离合器踏板，切断动力后才能换挡。这种操作方式的改进带来的“实惠感”是一个相当大的数字。具体而言，可以假设以下因素进行计算。

- 换挡操作时间的差异。
- 换挡操作次数的差异。
- 操作的难易程度。
- 驾驶员累积疲劳程度的差异。
- 面对安全问题时的瞬时反应的难易程度。

我不否认这些计算方法中，存在开发人员的独断和偏见，但是确实有一定的现实基础。

③ 假设当前机型有 10 个润滑脂嘴。客户一年需要上 6 次油，每次上油的人工成本为 1000 日元，年成本是 6000 日元。如果新开发的机型具有油脂完全密封的结构，客户就不需要加油脂。那么加油脂的费用所占售价的比例就是“实惠感”。大约 40 年前，汽车的左右前轮悬架上有 5—6 个润滑脂嘴，用于前轮转向的润滑。汽车每年会被送到维修厂一两次，用千斤顶特别费力地把前轮架起来，以便加注油脂。如今的汽车都是油脂完全密封的结构，不需要这样的操作。从这个角度来看，汽车增加了“实惠感”。

④ 通过将拖拉机的油箱材质由钣金改为树脂，“实惠感”增

加了 7%。从物理上讲，由于钢材的伸长率的限制，使用钣金拉伸机很难做出深度拉伸或具有拉伸结构的复杂凸出形状的壳体。但时，通过使用树脂吹塑，只需考虑模具的抽出方向，就可以做出复杂形状。同时，最大限度利用发动机舱后方的空间，使油箱容积增加 1.5 倍（并且油箱成本降低一半）。这样一来，一天工作中的加油次数减少了一半，既提高了工作效率，又减轻了采掘过程中操作人员加油的负担，大大提高了“实惠感”。

⑤ 在插秧机方面，我们也切实感受到了“实惠感”的力量。有顾客告诉我：“从马路下到稻田时和从稻田上到马路时，我都会感到恐惧，害怕插秧机会翻车。”于是，我们给插秧机开发了一个新的单元“越埂臂”，解决了这个问题。

当时正值插秧机因国家的农业政策销售持续低迷的时侯。九州某大经销商将“越埂臂”装到了 100 台躺在仓库里的插秧机上。“越埂臂”的成本是每台 6000 日元，但是该经销商认为这个功能有超过 7 万日元的价值，就提价 7 万日元销售。结果瞬间全部售罄。这说明产品研发人员要从顾客的角度找到“实惠感”，并将其体现到产品中。

5 产量要由开发部门决定

在开发新产品时，评估生产量（销售量）的是销售部门和制造部门，最终决定权在管理部门。但在“DTC 开发”中，虽然不能全部做到，但是原则上决定生产量的是开发部门。

为什么开发部们可以预测产量呢？其实这个问题的答案相当简单。随着开发经验的积累，开发人员可以根据以往的开发成果，在一定程度上推测出顾客的购买动机。根据购买动机可以大致推演出，应用什么样的技术，解决什么样问题的产品能销售多少台。这种意识和准确性，开发部门远超销售部门。

这一点在我重建插秧机业务时得到了体现。在向销售部门提交插秧机的“产品开发计划书”，并评估该产品的预计销售量的阶段，销售部门认为，市场形势极为严峻，如果能达到现有机型的销售业绩（每年 3500 台）就是万幸，不可能提高销售额。

另一方面，开发部门在“产品开发计划书”中列出的销售量是每年 7000 台，销售部门和开发部门的意见相左，无法达成一致。好在，“产品开发计划书”得到了高层的认可，并且得到了批准。

在经过第一台试制机和第二台试制机的制作，以及一系列的测试后，该产品完成开发，并且投入生产。确实，当时市场形势十分严峻，但客户对该产品的反映非常好，第一年的年销量就达到了 1 万台。

随着开发部门评估销量的可信度的提高，在后续的产品开发中，销售部门不但再没有提出过异议，反而表现出了合作的态度。原本评估销量是销售部门的专属领域，但是对创新度高的先进产品而言，销售部门很难做出准确判断。

开发部门知道，如果我们利用了某种技术，就可以给客户提供相应的便利。而其他部门的人很难拥有这样的想象力，只有在看到试制机的时候，才能意识到这些。

这让我想起了另外一件事。如果有人说“销售人员是销售的专业人士”，一般没有人会怀疑。但是，我在重建自动售货机业务时，却有与此不同的经历。

当时，饮料厂家正在大幅扩大自动售货机的安装点（有意安装自动售货机的客户）。作为自动售货机的制造厂家，如果我们能够推荐安装点，就能得到更多的订单。以“日本可口可乐公司”为例，我们向他们推荐一个自动售货机的安装点，他们就会向我们多买 10 台。因为当时正处在自动售货机业务严重亏损的情况下，销售部、制造部、开发部展开了给饮料厂家推荐安装点的竞赛。

竞赛的结果，与我们的预期相反，开发部推荐的安装点最多（141 台），其次是制造部（22 台），而销售部最少（10 台）（各部门的员工人数占公司总人数的比例分别为开发部 21%、制造部 70%、销售部 9%）。这个结果令我们不得不怀疑销售部的专业能力。

我认为，这个巨大的差异是教育（意识、方法、技能）的不同造成的。由于开发部没有这种活动的经验，所以在开始活动之前，我先让销售部的负责人教我如何“推荐安装点”。之后，我在每周一次的“制造业现场学”讲座（30 分钟）中对所有开发人员进行了这方面的教育。内容包括以下 5 项：

① 如何寻找有意安装自动售货机的客户。

② 如何和客户接触。

③ 如何介绍产品。

④ 不能谈的内容（耗电量等）。

⑤ 如何签订合同。

我们还举行了“推荐安装点”成果发布会。

在成果发布会上，有人提到，为了能找到更多的安装点，上班时汽车的行驶速度都变慢了。

第6章

“零件减半，成本减半”的实际案例

1 降低成本是开发的支柱

正如前文多次提到的，开发人员需要具备将 5 年前开发的产品“零件减半，成本减半”的开发能力。

我过去在久保田时的工作内容，大部分都是重建公司的亏损业务。当时管理着众多下属，我花了很多时间来琢磨如何提高他们的开发能力。综上所述，我认为唯一的解决办法就是，明确开发目标，以实现开发目标为目的，提高下属们的开发能力，激发他们的潜在能力，训练他们的脑力。这就是“制造业现场学”的由来。要想成为制造企业的中流砥柱，除了培养开发设计能力，生产行业顶尖产品外，别无他途。

为了提高开发能力，必须重点学习与自己的产品直接相关的技术。另外，最好让所有相关人员同时参与、共同体验。在“制造业现场学”的初始部分，大部分内容都是关于如何降低成本。即：

① 材料；

② 材质；

③ 加工方法；

④ 与强度相关的力学思想（理想的构件是只有压缩和拉伸应力，而没有弯曲应力）；

⑤ 设计方法（如何在外观上显示产品内在的高质量）。

外观设计并不能直接带来成本的降低。然而，当顾客决定购买产品时，对外观的第一印象是一个重要因素。因此，我建议大家在开发面向国内的产品时，尽量争取获得“优秀设计奖”。以汽车为例，“年度汽车奖”就是各家车企竞争的对象，这也从侧面说明了外观设计是一件很重要的事。基本思路请参考我的另一本书《提质降本》。

“制造业现场学”，对于没有什么开发经验的年轻开发人员来说，是一种模拟体验，通过了解这些理论，解决问题的能力会提高，设计能力也会提高。同时，“自己想尝试一下”“认为自己可以做到”这样的积极态度也会促进他们能力的提高。

每周一从上午 8：30 的上班时间开始，我们进行 30 分钟的“制造业讲座”，以提高开发技能，奠定“DTC 开发”的基础。提高产品“意识”，审视开发“方法”，并且提高开发能力，当然主要是提高“技能”。具体来说，就是学习《提质降本》中所述的降低成本的基本方法：

① 零件 CD 法<10 措施>；

② 钣金 CD 法<10 措施>；

③ 焊接 CD 法<1>；

④ 焊接 CD 法<2>；

⑤ 组装 CD 法<1>；

⑥ 组装 CD 法<2>。

在“兼用零件是罪过”的口号下，我们对原有机型的结构进行了大刀阔斧的修改，在实践中忠实地执行“五个 1 原则”。“五个 1 原则”是指：

① 零件能多减少 1 个，就多减少 1 个；

② 长度能多减少 1 毫米，就多减少 1 毫米；

③ 重量能多减少 1 克，就多减少 1 克；

④ 工序能多减少 1 道，就多减少 1 道；

⑤ 组装能多快 1 秒，就多快 1 秒。

发现和分享这些细小的问题，并获得解决这些问题的开发能力。不断地积累就会取得显著成效，我对每个开发人员的智慧和努力都抱有很高的期望。

2 通过竞争性报价降低外购零件的成本

构成产品的单元和零件有两种，自主开发品和外购品。自主开发品是指由企业自行设计、制造的单元和零件。外购品是指由专门的公司设计、制造的单元和零件。虽然，有些厂家的产品几乎全部使用外购的单元和零件，但是，一般来说，大部分公司使用外购单元和零件的规模占总零件成本的10%—30%。

外购单元和零件的问题主要是价格。如果是自主开发的单元和零件，可以通过自己的设计努力来管控成本；但如果是外购品，只能通过协商降低价格或通过修订规格来降低成本。而且，有时即使是相同规格的产品，也会因为材料涨价而涨价。

在“DTC 开发”中，如果是 5 年前购买的单元和零件，目标是降低成本 30%。但是，一般情况下从同一个供应商处购买相同的单元和零件，很难降价。

通过“DTC 开发”进行业务创新，对外购的单元和零件也要进行全面修订。我们的做法是，取得 5 家以上具有类似零件生产能力的国内外的生产厂家的竞争性报价。然后，在最低报价基础上再降低 5%后，让两到三家公司像跷跷板一样相互竞争，实现 30%的降价。

这种“再降低 5%”的方法，对于规格几乎相同的零件：

① 要求 5 家公司进行报价。

② 每个公司都提出了自己的报价。

③ 将报价最低的供应商的价格展示给第二低和第三低的供应商。

④ 要求他们以比第一家供应商的价格低 5%的价格为目标重新报价。

然后，得到一个新的报价，价格相当于打了 5%的折扣。再以其中的最低报价降低 5%为目标重复以上步骤。

这种“再降低 5%”的方法，我多次在我所走访的公司提及，但是到目前为止，我还没有看到真正落实的公司，似乎仅限于引起了兴趣，虽然人们都承认，如果这样做确实可能大幅度降低成本。

通过我自身的经验，也证实了这个方法确实很有效，是一个很好的方法。针对最低报价降低 5%后，继续竞标，在这个过程的反复中，眼见着成本下降，甚至有时我都不想停下，希望这个过程一直持续下去。

从商业道德的角度看，“再降低 5%”的采购方法应该没有问题，但是《分包法》中有限制条款，限制毫无理由地要求中小企业分包商单方面降价。所以，实施“再降低 5%”的方法时，必须以守法为前提。

过去，电脑刚在日本普及时，某大厂以1日元的价格竞拍几十亿日元的电脑，轰动一时。我不知道这是不是“竞争性报价”的结果，但这显然有“公司政治”的因素，仅仅是个例。

通常，主管采购的部门是采购部或物资部。但是，如果你把成本目标定在下调30%，并要求主管部门完成，那么这个目标一般是不能实现的。我提出的方法是这样的，先向采购部说声抱歉，然后改变现在的采购方法，虽然还是以采购部为主管部门，但实际工作由开发部来承担。

好在这个提议并没有遇到什么阻力，这可能是因为，原本的采购方法里就包含了开发部和采购部之间相互合作，协商采购产品的规格和其他方面的问题的步骤。

至于为什么要把开发部推到前面，直接面对供货商，理由是为了打破采购部和供货商长久以来形成的“羁绊”。虽然不好直接说出来，但是，采购部和供应商之间因为长期的业务往来所建立的关系，在进行降低成本的磋商时，确实有负面作用。然而，开发部却完全没有这样的“羁绊”。这样一来，在开发部的参与下，市场竞争的原理重新生效。在合理诉求和守法的前提下，可以顺利开展“再降低5%”的采购，成功实现降低成本30%的目标。

此外，将目前的采购品，进行重新设计后再接受5家公司的竞争性报价，也可以得到降价效果。

进一步来说，还可以更加主动地把采购品变更为自主开发设计。虽然开发部的负担会变大，但由于可以进行更精确的设计，降低成本的效果也会更大。如果能应用好以上这三种方法，降低成本的目标就一定能够实现。

3 高附加值的外购品改为自主开发

外购的单元、零件的性能和购买价格，可能会造成与竞争对手的产品之间的竞争力的差距。例如，发动机和变速箱这些核心单元，规格和供货厂商的不同可能会影响顾客的购买意愿。所以，对于这种高附加值的采购品，从产品开发的初期，就需要从多角度来严格筛选供应商。

到目前为止，介绍的“DTC 开发”都是在自主开发的高附加值的单元和零件上进行的，并且取得了显著成效。下面，以我从事过的拖拉机业务为例，介绍几个开发案例。

（1）指导发动机事业部降低成本

虽然拖拉机的发动机是自己生产的，但由于发动机被归入发动机事业部，所以虽然是同一家公司，拖拉机事业部从发动机事业部购买发动机的手续，几乎和外购相同。另外，按照公司的规定，内部购买价格故意定得高于对外销售的价格。而且，由于发动机在拖拉机整体的采购项目中，所占的成本比重最高，所以拖拉机开发的首要任务，就是降低发动机的成本。发动机事业部的开发部，在降低成本方面做了一定的努力，但是在处理个别机型等方面，由于买卖双方同属一家公司所带来的松懈，很难期望大幅度的成本降低。

在“DTC 开发”中，我们首先向发动机事业部表达了歉意，并提出，由我们拖拉机事业部自己开展发动机的降低成本活动。但是，我们自主开发的发动机单元和零件，需要由发动机事业部组装，以及进行性能和耐久性的测试。相应地，自主开发的单元和零件的质量保证由拖拉机事业部负责，并且将这项内容明文写入“产品开发计划书”。

为了降低发动机的成本，我们购买了一台发动机事业部生产的发动机，并将其完全拆解，然后将其结构和零件，与汽车的同类单元和零件进行比较。幸运的是，我们发现，活塞、连接杆以及阀门这些关键零件都可以大幅度地降低成本。因为在发动机行业，有很多类似的零件都可以从众多专业供应商那里购买，成本也相对比较低。然而，企业自己生产发动机零件时，由于生产量的限制，成本一般都很高。

因此，“DTC 开发”的结论是，拖拉机事业部完全有能力对自己公司生产的零件彻底地降低成本。主要结果如下所示，发动机的整体成本得到了大幅的降低。

① 油冷却器，△75%，把由从专业厂商采购，改为自主开发的管道式构造。

② 风扇护罩，△73%，削减冲压工序。

③ 燃油过滤器，△48%，把由从专业厂商采购，改为自主开发的树脂材质。

④ 尾气消声器，△44%，把由从专业厂商采购，改为自主开发。

⑤ 油箱，△44%，削减钣金冲压工序。

⑥ 散热器，△42%，材质由铜材改为铝材和树脂。

⑦ 排气管，△37%，削减机械加工工序。

⑧ 电动机，△35%，寻找新的供货商。

⑨ 油泵，△32%，把由从专业厂商采购，改为自主开发。

⑩ 发动机的停止电磁阀，△27%，把由从专业厂商采购，改为自主开发。

通过对以上各项的发动机的辅机以及外装的设计修改，新的拖拉机发动机实现了低成本。另外，发动机事业部将该发动机作为 OEM 对外销售，并因此迅速扩大了国内外市场的销售渠道。

我们拖拉机事业部在这项发动机的开发中取得的成就，受到了高度评价，随后我还被邀请对发动机事业部进行降低成本的技术指导。

关于这个研发过程中的备忘录，当时被翻译成英文，在海外生产发动机的分公司广为传阅。

我现在也还在为国内外的发动机厂商提供发动机的降低成本指导。

(2) 应用 HST 使成本减半

在拖拉机车身的“DTC 开发”中，通过对现行的极为昂贵的 HST 结构的大幅度改进，成功开发了价格低廉（比现行的 HST 便宜 50%）的斜板式 HST。

这种斜板式 HST，是我在纽约接受为期三年的技术培训期间，参观液压设备制造商 Sandstrand 和 Ross Gear 时发现的，于是以当年参观工厂时的记忆为线索，开发出改良版的 HST，并且顺利投入量产。

在开发初期，这个创意并不被公司内部的液压部门的专家看好。但是，随着之后的质量测试和耐久性测试的结果陆续出台，许多专家反而成了斜板式 HST 的支持者。

目前，这款 HST 因为价格低廉，已经成为小功率 HST 的标杆，被广泛应用。

(3) 超越专业制造商的动力转向系统

过去，动力转向系统是从专业的生产液压系统的厂家购买的，但为了实现成本降低 30%的目标，我们别无选择，只能进行自主开发。我们拆解了几家公司的动力转向系统，从中提取了各家产品最好的部分，一边摸索一边开发，最终成功开发出了比那几家公司更加简洁的结构。

由于动力转向装置采用了滚珠丝杠结构，我们向专业生产滚珠丝杠的 F 公司订购了初期试制机，并通过了测试。然而，最终的试制机出现了几个大问题。因为 F 公司坚持在韩国进行量产，而且最终的试制机也是由韩国的厂家制造的。但是，这家韩国厂并没有懂动力转向的工程人员。这对我们来说，无异于晴天霹雳。

随着量产期限的临近，我们最终放弃了和 F 公司合作，将订单交给了拥有丰富的动力转向系统制造经验的 N 公司。并且，为了适应 N 公司的生产设备，我们适当地对结构进行了一定程度的修改，并设法通过了质量和耐久性测试。几经波折，最终按计划开始了量产。虽然，在量产初期，生产量一直提不上来，但是，在大家的共同努力下，生产很快就步入正轨。

只要努力，自主开发是一定能做到的。从两家专门厂家购买的动力转向装置的样品，也是各有优缺点。通过对工作原理的学习和对使用条件的理解，彻底地运用“五个 1 原则”，思考如何使零件的结构没有浪费，如何缩短加工时间，就能够开发出比样品成本更低、重量更轻的动力转向系统。

即使是专业厂家，开发也是由人来完成的，所以后来者可以通过学习先进厂家的经验，进而做出更好的产品。

4 到现场看着实际产品思考

如前文所述，设计图纸和CAD系统所在的设计现场，与存放现有机型和开发机型的研究现场之间的距离，应该在200米以内。这是因为设计人员只有通过一边看着实际产品一边思考，才能得到更真实、更好的创意。

对于改装现有机型，对开发机型进行耐久性试验和拆卸调查的研究人员来说，附近如果有设计人员在，可以随时沟通交流，对工作的推进也是大有裨益。通过这样的及时交流，得到的方案往往是最好的。

在“DTC开发”中，我们在研究现场设置了“五种常备工具”。分别是：

① 纸板；

② 剪刀；

③ 订书机；

④ 造型用橡皮泥；

⑤ 塑料泡沫。

以通过折弯钣金来制作零件为例，设计人员来到研究现场，与研究人员讨论钣金零件的形状时，会有以下这样的对话。其中的一个人可能会说："我觉得我这个形状可能更好。"而另一个人可能会有不同意见，说："不，我觉得可能还是我的这个形状更好。"这时候，可以拿出纸板，剪刀和订书机，用剪刀剪开纸板，对折，用订书机模拟焊接将之固定，用这个方法一起摸索合理的形状。

对于顾客直接操作的挡杆和手柄，可以拿出橡皮泥，捏出挡杆和手柄的形状，并与主管和同事讨论，找出更便于操作和握持的形状。形状确定后，先绘制草图，然后尽快绘制计划图。

塑料泡沫，虽然也可以用于小型物体的造型，但是更为常用的用途是，通过裁剪和粘贴来进行类似于外壳这样较大物体的造型。

开发全新创意的新产品时，通常，在最开始的阶段会使用橡皮泥或塑料泡沫制作等比例模型。以拖拉机开发为例，只有3D-CAD图纸还不够，还要考虑驾驶座周围的方向盘、油门、刹车等的布局，上下车的方便性，乘坐的舒适度，以及外观的设计等，所以制作等比例模型是必不可少的开发步骤。

然而，在我现在走访的企业，询问他们在开发现场有什么"常备工具"时，几乎没有得到过正面的回应。设计人员把脑海中闪现的形状直接绘制成图纸，或者直接把绘图工作外包，似乎已经成为一种常态。

5 第1台试制机要达到95%的完成度

我在走访企业的过程中，经常被这些企业的开发人员问到关于试制机的数量和试制次数的问题。虽然要看实际开发的产品的情况，但在“DTC开发”中，试制机的数量一般是3个，试制次数一般是2次。而在一般的开发中，试制机的数量和试制次数，大约是这个数量的两倍。

在“DTC开发”中，试制新零件或新结构时，试制过程按两个阶段来规划和执行，也就是试制两次。过去我们也有过试制4次的经历，但现在看来，这样的试制计划存在很多浪费。所以，在“DTC开发”中，试制次数也比一般的开发减少了一半。

一个开发项目的成败，可以通过第1台试制机的质量来判断。这就是第1台试制机的完成度特别重要的原因。这样做，虽然第1台试制机的开发需要花费大量的时间，但是，通过这种方式可以大大缩短第2台试制机的测试时间，从而大幅缩短整个开发的周期。

所以，试制次数减少的原因是，第1台试制机的完成度达到了95%。所谓完成度是指相对量产机水平为100%的比率，存在5%的不足，主要是因为试制机没有采用量产的模具、夹具以及制作工艺。

另外，这里还要补充一点。对于需要进行基础技术开发的，例如HST、动力转向，以及省略加工工序的铝压铸等这些包含先进的技术元素的单元和零件，在第1台试制机，即完整的产品试制机完成之前，可以先进行部分试制，然后再将结果加入完整的试制机。

制作试制机时，锻造可以用机械加工代替，铝压铸可以用砂模铸代替，钣金冲压可以用手工制作代替，ZAS模具或钢板贴合模具可以用树脂模塑代替。这之外常用的代替技术还有，从层压树脂板上切割、光学成型、硅铸，以及近年兴起的3D打印。

利用替代技术的好处是：

① 缩短试制周期；

② 降低试制成本；

③ 在开发过程中，更容易进行修改。

缺点是，由于不是按正规的量产流程制作，不能对部分零件进行强度试验和质量评价试验。这些测试要在第2台试制机或最终的预产机上进行。

关于试制机的数量，由于日本各地的土地和工况的不同，过去进行了以下测试：

- 在鹿儿岛的樱岛进行了针对火山灰的耐磨损测试。
- 在长崎县五岛进行了在岩场内的行走测试。
- 在爱知县的常滑进行了耐土壤附着的测试。
- 在茨城县的霞浦进行了深田作业的测试。
- 在北海道进行了耐低温的测试。
- 另外，出口到海外的产品还要进行实地测试。

每一个测试都需要使用试制机，所以在过去，试制机的需求量很大。

“DTC 开发”中，通过对日本全国各地的测试条件进行比较，力求避免同类测试的重复。经过我们的努力，对测试进行了大幅度的整合，实地测试被统一为几个大类型。耐久测试可以在室内 24 小时连续进行，最近还开始了无人驾驶的测试。通过这些努力，试制机数量减少了一半。

6 从顾客的角度进行质量评价

（1）用客户的实际使用条件进行测试

在“DTC 开发”中，所有的单元和零件都将重新设计。因此，质量评价及其测试方法需要比以前更加慎重。质量评价的思路和测试方法有很多种，但无论如何，质量评价要根据顾客的实际使用情况来进行，一定要站在顾客的角度来评价。

而为了保证机器在各种使用条件下的质量，提高第 1 台试制机的完成度是缩短开发周期的最佳方法。

我们在应用“DTC 开发”方法开发拖拉机时，对第一台试制机采用了“5 小时连续运行测试”，并多次重复，最终测试时间超过了几百个小时。在这种方法中，设计人员或研究人员需要自己连续驾驶车辆 5 个小时（只有去洗手间的时候可以休息一下）。之前的试制机的耐久测试，是每个人轮流驾驶大约 30 分钟，但这种方法显然不是从顾客的角度的测试。因为顾客通常是从早到晚，一直一个人开车。

通过长时间的连续操作，我们能够发现以下问题：

① 驾驶和操作造成的疲劳；

② 座椅的晃动和振动造成的疲劳；

③ 发动机和其他机器的噪声；

④ 日照、高温、寒冷、刮风、下雨等天气状况的影响；

⑤ 发动机废气，工作粉尘。

(2) 客户对质量的要求越来越高

例如，写有安全提示和操作说明的铭牌薄膜，从第一台试制机开始，就需要贴好，并进行质量测试。顾客在工作完成后洗车时，往往会使用高压洗车泵，这个测试可以确保铭牌在此过程中不会剥落。

洗车测试由来已久，但过去都是检查洗车后，电器元件是否有异常。而现在，测试的目的里，已经增加了检查铭牌是否剥落的项目。顾客在清洗一台泥泞的农机时，洗车泵的喷射压力会从 60 气压提高到 100 气压，从而导致机身上的铭牌瞬间剥落。有的公司就是因为这样的投诉，开始修改测试内容的。

就像这样，在过去完全没有问题的事情，今天也可能会引起投诉。这也从侧面说明了，客户对质量问题越来越敏感。

过去，如果变速箱的接缝内，因为浸入润滑油而导致积聚了灰尘，并不是问题。但是，现在这样的问题也已经是投诉对象，并且是需要接受顾客退货的大问题。

(3) 如何实现“零投诉”？

我在过去的开发过程中，也经历过市场投诉这样的质量问题。在重建拖拉机业务的时候，就接到过美国市场的关于液压控制单元的投诉。当时顾客反映，拖拉机在处于空挡的状况下，仍然以很慢的速度向前移动。那次投诉带给我的教训是，即使公司在产品开发上取得了很大的成绩，但一旦发生市场投诉，就会导致所有成绩归零的结果。痛定思痛之后，为了杜绝投诉，我们开发了“PP 提取法”。

这是一种看似费时费力，迂回曲折的方法，但是考虑到发生投诉后的重大后果，我认为这是一种极为恰当的方法。在拖拉机被投诉之后，因为使用了“PP 提取法”，虽然在开发中使用了新零件和新结构，但是插秧机和自动售货机都实现了零投诉。

市场投诉是如何产生的呢？对过去的主要投诉进行调查后我发现了以下事实：

① 95%的投诉，都是源于在开发阶段没有发现的问题。这些问题在产品进入市场后，逐渐显现出来。反之，在开发阶段发现的问题，自然会得到一定的解决，因此不会引起投诉。

② 95%的投诉，都发生在产品进入市场之后的一年内。

③ 每一个严重投诉的背后，都有大约 30 个轻微的投诉，这种趋势类似于描述安全问题的海因里希法则。

来自市场的质量投诉，动摇了与企业与顾客之间的信任关系，不仅导致经济损失，也使企业失去顾客的信任。此外，产品的质量直接关乎企业的形象，是每一家企业的永恒的大问题。

（4）如何处理质量问题：①特别采用制度

市场投诉，一般是指发生在顾客购买产品之后的早期，与顾客的期望值相悖的质量故障或事故。因此，在顾客使用产品 10 年后发生的故障，一般不属于投诉范围。

接下来，让我们一起考虑一下，万一真的出现投诉，会对企业产生什么样的影响。

2017 年 12 月，新干线“希望号”的车厢底架，被发现已经近乎断裂。所幸没有造成人员伤亡，日本的新干线也还仍然维持着良好的安全记录，但是，这个问题离重大事故可能只有一步之遥。“希望号”车厢底架的供货商是川崎重工，底架的折弯工序被外包给了其他分包商。

问题出在川崎重工和那家分包商交班的过程中，川崎重工兵库工场的生产线负责人，擅自指示分包商对零件在制造过程中发生的尺寸误差，采用机械加工的方法来修复。结果，因为切割深度太大，虽然看起来整体尺寸没有问题，但是板厚极薄。

图纸上并没有机械加工的指示。而在图纸上没有指示的情况下，车间完全不应该酌情增加机械加工工序。没有按图纸所示条件生产的零件就是不良品，在验收检查时，属于

“不合格品”。

但是，在零件的实际生产过程中，偶尔还是会发生与图纸中所述尺寸、技术条件有偏差的问题。这些零件，因为“检验不合格=质量不合格”，所以应该弃用或报废，并且需要用正规零件替换。但是，弃用或报废会引发种种问题，比如报废成本，对生产线的影响，尤其还有可能影响到交货时间。在这种情况下，企业应该事先请技术部门做质量判断，应用“特别采用制度”来决定该缺陷件是否可以使用。虽然叫法因各厂家不同而不同，但是大多数公司似乎都有类似“特别采用制度”的内部规定。

在这个制度下，公司要求专家进行技术判断，并根据缺陷的性质和程度，分析如果按原样组装该零件（有时也可能根据需要，对缺陷零件追加工序），是否会对产品的质量产生重大影响，是否会影响顾客的满意度。在某些情况下，甚至会进行耐久性测试，以确定是否可以采用该零件。

如果企业决定采用该零件，就会采取比正常生产流程高一个等级的措施，例如，记录生产批次、机号以及销售目的地等。

如果进行了这样的管理，我想新干线的问题就不会发生。

（5）如何处理质量问题：②质量改进项目体系

如果不幸已经发生了严重的市场投诉，应该由不包括开发团队的第三方，建立质量改进项目体系。

如果是由最了解产品的开发方来进行质量改进，很容易陷入被动改进。不但找不出质量问题的本质，还可能停留在治标不治本的改进上，从而造成二次投诉。

另外，作为开发方，不自觉地就会考虑到，补救所需的费用、时间和人工这些问题以及开发人员自身的责任问题，同时还要承受这些问题所带来的心理压力。在这样的情况下，开发人员很难规划和实施完善的措施来防止问题的再次发生。

鉴于这些，我认为由没有利害关系的第三方建立的“质量改进项目体系”是最好的解决方案。而我对这个解决方案的信心，来自我在重建拖拉机业务时的“严重投诉”的惨痛经历。

(6) 质量问题与“人为”问题

近年，日本的“制造业”出现了不少的质量问题，这让很多日本人对“制造业”的未来充满了不安和不信任。此外，世界对日本的目光，可能也开始变得日益严厉。因此，在这里，我想从质量和“DTC 开发”的关系的角度，谈谈质量问题。

以下所列的，是截止到 2018 年 11 月，经由新闻机构报道的质量问题清单（《日本经济新闻》2018 年 11 月 11 日上午版）：

- 2017 年 9 月，日产汽车被发现进行汽车的验收和检查的人员不具备资质。
- 10 月，神户制钢承认其生产的铝材和铁制品存在数据造假。

• 11 月，三菱材料各集团公司被发现篡改检查数据。

• 2018 年 3 月，斯巴鲁承认伪造油耗和尾气数据。

• 7 月，日产汽车承认改写检测数据。

• 8 月，铃木、马自达、YAMAHA 承认其测量条件与实际存在偏差。

• 10 月，KYB 宣布其生产的耐震装置不符合国家的认证标准。

• 11 月，日立化成宣布其生产的 30 种产品的检验数据造假。

为什么会连续发生这么多质量问题呢？随着信息技术的进步，这些消息瞬间传遍全球的每个角落。企业内部的举报者也越来越多，以前不愿意说话的员工，现在也开始公开表达自己的主张。当然这里也有企业内部的以及社会风气变化的原因，企业和社会都在鼓励人们发表自己的观点。

但就我的经验来看，之所以发展成如此巨大的社会问题，其中存在着“人”的因素，而正是“人”的因素阻碍了问题的妥善解决。

首先，“人为”是指人的行为。“制造”本身其实就是一种人的行为，尽量减少人的行为所带来的问题，是一个与企业风险管理相关的重要问题。

2019 年 3 月，我收到了一封电子邮件，内容就是关于“人为”如何让一个质量问题的解决变得复杂和困难。这封邮件来自我指导的一家韩国公司的开发主管。

“在发往越南的产品上搭载的发动机，存在工作 200—300 小时之后，发动机功率下降的问题。2018 年 7 月，售出的 15 台发动机中，有 5 台出现了这个问题，而且问题的原因还尚未确定。”

虽然是样机出货（限量销售），但是高达 33%的发生概率，不容置疑是属于严重的“投诉”问题。除此之外，更令我惊讶的是，过了 10 个月仍然没有找到问题的原因。不能不说，他们解决问题的思路是有问题的。他们不知道，问题真正的原因只能去生产现场寻找，从实际产品中寻找。

为了确定问题的原因，我的意见是，尽快对以下 5 项进行调查和测试：

① 由专业部门对发动机使用的燃油，进行质量分析，检查是否存在劣质燃油的可能。

② 检查燃油过滤器是否有堵塞。

③ 检查燃油喷射泵的滑动部的润滑状况。

④ 检查燃油喷油嘴的堵塞状况。

⑤ 检查吸气和排气系统是否有堵塞。

面对这样的问题，不应该全盘委托给当地的工作人员来处理，而应该由开发人员主导，并且还应该在与问题发生时相同的使用条件下，进行再现试验。而不应该在还没有了解原因的情况下，就急于解决问题，头痛医头脚痛医脚。这样的话，即使能暂时改善问题，也不是长久之计，有时甚至可能使问题复杂化。因此，必须对以上列出的 5 项，逐一进行仔细测试，调查问题的原因。

我的建议虽然看起来不但不能解决燃眉之急，还更像是一个雪上加霜的建议，但是，这就是“DTC 开发”的基本立场。

对于质量问题，首先要做的就是彻底地调查原因。而且，通过仔细检查生产现场和实际产品，就一定能找到原因。只要找到原因，就可以找到从根本上解决问题的办法。当然，向客户诚挚地道歉以及给予相应的经济补偿也是必不可少的。

7 专利的申请目标是200项

专利是开发人员的荣誉勋章。“DTC开发”中制定了每开发一个产品系列，申请200项专利的目标。至于我们为什么如此看重专利，那是出于以下5个原因：

① 为了领先于其他企业和便于自身业务开展，有了好想法就要尽快申请专利，从而确保自身业务的优势和稳定性。

② 如果有可能与其他公司的专利发生冲突，就一定要申请超越其他公司专利的新专利，以此回避冲突。

③ 如果与其他公司的专利有较强的冲突，尽可能查找和该专利类似的已公开的实例，申请该专利无效。

④ 为了避免与其他公司的专利发生冲突，可以与其他公司进行专利的相互交换。

⑤ 给专利赋予“奖牌”的含义，专利申请量可以作为评价开发人员技能的替代值。

我在纽约的时候，接到过总部专利部打来的电话说，“我们公司好像和H公司的专利发生了冲突”，所以需要我马上找到关于这个专利的权利要求范围和已经公开的实例。我到纽约、华盛顿、芝加哥的图书馆去检索专利公报，找到不少公开实例。我火速把这些资料寄回了日本总部，但只收到了表达感谢的电报，就没有了下文，也不知道后来的结果如何。大概，申请该专利无效，胜诉了吧。

如今，在我访问的企业中，经常会听到这样一个关于专利的问题："尽管我们的产品在功能和性能上，相较于其他公司处于明显的劣势，但因为我们害怕专利侵权，所以不敢采取措施改进那些存在不足的地方。"

不要害怕专利，尤其是对产品功能或性能很重要的专利。相反，我们应该致力于寻找能够超越该专利的想法，进而挑战它。或者，努力调查已经公开的实例并进行参考，以积极的态度去开发产品，并且争取超越对方的专利。

在日本，关于专利的所有权是属于个人还是属于公司的争论，在几年前终于落下帷幕。法院的判决是，专利的所有权属于公司。但是，作为一个从事开发多年的人，我还是认为专利权应该由发明人持有。我认为这是一个需要与世界上其他先进国家进行比较，并且进一步讨论的问题。

即使物联网和人工智能已经有了如此巨大进步的今天，专利还是根据发明人的想法创造出来的。换一种说法，这个想法的产生并不是必然的。发明创造的根源在于，开发人员的强烈的创造动机。

8 教育胜过经验！

正如我一直所说的，“DTC 开发”的基础是实践教育。要想在竞争中获胜，必须拥有超越其他公司的业务实力，而产品实力就是这个实力的代表。那么如何才能创造出行业第一、世界第一的产品呢？借用松下幸之助的话，就是“育人”。我的想法也是一样的，“教育胜过经验”。

无论人工智能发展到什么程度，通过了解客户的感受开发产品，都需要通过开发人员来实现。这也是产品开发的基础。

首先什么是开发人员的开发能力呢？我自己的想法是以下这样的。

开发能力=素质+经验+教育

要想得到超越其他公司的开发能力，吸引优秀的人才虽然很重要，但是通过我的观察，企业似乎并不缺少高素质的开发人员。所以，企业开发能力不强，是“经验”和“教育”的问题。再进一步讲，“经验”可能也不是造成开发能力差距的主要原因。如果你有 10 年的经验，那么你和同行业的也同样拥有 10

年经验的开发人员可能没有太大区别。

最大的区别在于“教育”。虽然各公司的组织结构和开发环境会有些许不同，但是，是否在日常开发工作中，面向个人或者群体提供了解决问题的实践教育是一个关键因素。

“DTC 开发”就是要最大限度地发挥这种教育的力量，以超越其他公司的综合开发能力，挑战“优质产品开发”。因此，即使是一个没有什么经验的开发人员，也可以通过实践教育，超越一个经验丰富的开发人员。每个开发人员的能力的提高又可以带来开发项目组或开发团队的整体综合开发能力的提高。

第 7 章

学习从“模仿”开始

1 开发四轮驱动拖拉机时的“模仿”

(1) 从学习汽车的四轮驱动开始

人们常说，开发是从模仿开始的。上面提到的四轮驱动拖拉机的开发就是一个好例子。我们从铃木汽车公司的吉姆尼和希望汽车公司的希望之星上学习了汽车的四轮驱动，还学习了美国约翰迪尔公司的大型拖拉机的四轮驱动结构，并模仿其机构，开始了拖拉机四轮驱动的开发。

开发部购买了吉姆尼和希望之星，让开发人员在公司内和公司外的崎岖、松软的地形上进行了试驾，体验它们的驾驶性能。另一方面，美国约翰迪尔公司的150马力大型拖拉机，被引进到四国地区的善通寺国立农业试验站进行测试。测试后，四轮驱动部分被拆解，零件被绘制成图。根据这些调查，我们开发了一个小型的11马力的四轮驱动拖拉机。

这款小型四轮驱动拖拉机，很快就几乎独占了市场。直到两年后，另一公司也推出了一款小型四轮驱动拖拉机（该机型完全仿制久保田，几乎可以称之为久保田四轮驱动拖拉机的翻版)，才打破了这个局面。此后的几年，更多的同类型产品，被其他公司陆续开发出来并投放到市场，日本国内的小型四轮驱动拖拉机市场也进入了混战状态。

(2) 先“模仿”后创新

最初，日本的拖拉机市场以国外进口产品和与国外厂家合作生产的产品为主，国产机很少，而且拖拉机也没有达到普及的程度。

拖拉机之所以没有普及，是因为这些拖拉机是为旱田作业设计的，主要是锄地这样的拖曳作业，所以机身很重，不适合日本的稻田耕作。为了令其适用于稻田耕作，必须克服以下五个弱点：

① 容易在潮湿的稻田深处被卡住，且无法自主脱离。

② 机身的重量大，造成稻田的犁床逐年加深，从而导致可能被卡住的稻田面积不断增大。

③ 车轴的防泥水耐久性能差，容易漏油。

④ 在日本狭窄的稻田中的转弯性能差。

⑤ 相较于农业收入，价格偏高。

针对①，采用四轮驱动系统代替传统的两轮驱动系统，从而使拖拉机获得在松软的地面上良好的行驶性能。该技术是通过模仿美国约翰迪尔公司的大型拖拉机的结构和铃木汽车公司的四轮驱动汽车的结构，汲取两者的优点实现的。

针对②，减轻了拖拉机的整体重量。由于减轻重量在拖曳作业中会有不利的影响，所以我们通过改变拖拉机的作业形式来应对这个问题，将拖拉机的作业形式从拖曳作业改为旋转作业，即拖拉机在 PTO（动力输出轴）的驱动下耕种稻田。同时为了进一步减轻拖拉机的重量，还改进了变速箱的箱体。放弃了常用的 FC 铸铁材质，采用压铸铝，这是当时最先进的技术。

针对③，我们应用了为播种机开发的油封技术，尤其对耐泥水性要求高的部分，还采用了与专业厂家联合开发的专用油封。

针对④，通过开发新技术，在后续车型中加入了全新的前轮双速机构，这项技术极大地提升了拖拉机的小转弯能力，也因此被世界各地的众多同行企业模仿。

针对⑤，由于在开发初期，就暴露出了成本高的问题，开发工作暂停一年，集中精力进行了降低成本的活动，因此，最终实现了四轮驱动拖拉机比传统两轮驱动拖拉机的成本更低的结果。

（3）伞齿轮系统被同行竞相模仿

最初的拖拉机四轮驱动采用的是万能接头方式。在这个方式中，万能接头内置在郁金香形状的铸造箱内，所以每当前轮转向时，镶嵌在郁金香形状结构上的油封就会滑动。对于底盘比较低的小型拖拉机来说，这个部位总是处于被稻田泥水覆盖的位置，所以③密封的耐久性以及泥水的渗入是个薄弱点。

此外，④在转向操作过程中，由于每次左右转向时，油封都会接近郁金香形结构的小直径的部分，容易造成转向的角度受限。

为了解决这两个大问题，我们经过反复试验，最终开发出了伞齿轮系统的四轮驱动结构。不过，其实最初提出这个创意的并不是我，而是时任研究部部长的村山先生。某天，他把我叫到研究总部的总监办公室，对我说："三木，我做了一个好东西，你来看看。"这是绘制在 A0 图纸上的一张计划图。看到图纸的那一刻，我就在心里大喊："啊，就是这个！"于是当场就在征得总监的同意后，采用了这个方案。

很快，我们就完成了伞齿轮系统的开发，而且通过这个系统，我们一下子解决了以上提到的两个大问题。之后，伞齿轮系统很快就在日本的相关厂家得到普及，再之后，国外厂家的 100 马力以上的大型拖拉机上，也有不少采用了这个系统。

后来，我才知道，为什么我会被直接叫到总监办公室。其实，在找我之前，总监就召集相关人员讨论了这个方案，但是多数人都以没有先例为由，持否定态度。

（4）风靡全球的"管道结构"

与拖拉机的四轮驱动相关的技术，还有另外一项我们开发的新技术也风靡全球。就是"管道结构"桥。早期的四轮驱动拖拉机，从拖拉机的正面看，前桥中心的地方有一个很大的凸起。这是因为在凸起的地方，内置了一个大型差速器。

这个凸起，因为距离地面近，在拖拉机行走时，容易成为障碍物。当拖拉机横跨农作物行走时，尤其是在水田里，这个凸起会损坏农作物，或者造成泥浆堆积。

为了改善这种情况，我们在前桥内安装了一个超小型的齿轮差速器，并将箱体做成了一个直径几乎相同的没有突起的“管道结构”。这个超小型齿轮差速器的开发，是通过对汽车的四轮驱动结构的差速器的大幅改造完成的，零件也由汽车的18个降到9个。具体来说，我们开发的差速器，因为比汽车的差速器体积小，相应的扭矩也小，所以差速器部分的输入轴的转速可以提高，同时前轮的最终减速比也可以提高，从而简化了减速步骤，实现了零件减半。

如今，这种“管道结构”的拖拉机已经成为主流。

2 “模仿”与技术进步

(1) 日本新干线与法国 TGV

正如我们的技术被模仿一样，具有高商业潜力的技术大多会被立即模仿，并迅速传遍全世界。

自从 1964 年，时速超过 200 公里的日本新干线诞生到现在，已经过去了半个多世纪，这期间，法国和中国也开始开发高速铁路。虽然在实际运行速度和安全方面，日本曾保持优势，但法国 TGV 创下了 574.8 公里/小时的世界最高速度（2007 年 4 月 4 日）。因为后发优势，如今海外的高速铁路都配置有超过日本的新技术。

在日本的新干线厂家追求更高一级的超导磁悬浮技术时，国外同行企业的高铁技术也在日益成为威胁。以 16 节车厢的列车为例，比较日本的新干线和法国的 TGV，其差别就很明显了。新干线总共有 128 个车轮，而 TGV 只有 76 个，比新干线少 41%。气压弹簧的数量，新干线 64 个，而 TGV 只有 38 个，相差 41%。

之所以有这种轮子和气压弹簧数量上的差异，是因为 TGV 除了首车和尾车，以及和首车、尾车相邻的各一辆车厢之外，中间的 12 辆车厢的车轮和气压弹簧的数量只有新干线的一半。

通过减少一半的零件数量，可以达到以下两项效果：

① 减少零件的累计误差，减少零件的管理项目，从而提升质量。

② 减少整体重量。

如果仅以这两项进行评估，预期“成本就能降低一半”。

我每月去韩国出差时乘坐的高铁就是法国的 TGV。刚开始坐 TGV 的时候，我不仅对列车窗外的景色感兴趣，还对 TGV 的结构和内部的设计感兴趣，在列车上走来走去，以至于没怎么坐在自己的座位上。

(2) 独占鳌头的日本复印机

自从施乐公司公布其复印机的核心专利以来，日本厂商在全球的复印机（又称多功能复印机，包含传真等通信功能）市场的份额稳步上升，如今已占到近 80%。

特别引人注目的是，虽然每个厂家都有自己独特的功能，比如一些辅助功能，但是复印机本身的基本结构与施乐公司的几乎一样。

每当我走访复印机厂家，指导他们进行“DTC 开发”时，我都会惊讶于产品之间的高相似度，有些零件的形状也完全相同（而且其中不少零件都来自相同的供应商）。

换句话说，这些产品如实地展示出了各家公司如何利用施乐公司公布的专利中的基本技术开发复印机。至于这些公司是否是在“模仿”施乐公司的复印机，人们有不同的意见，但在我这个长期从事制造业工作的人看来，这些是完全合法的“模仿”。使用他人或其他公司想出来的创意，当然是“模仿”，这一点不容置疑。

日本复印机能取得今天这样的成就，也和日本独特的技术环境有关：

① 来自照相机产业的成熟的光学技术；

② 先进的电子技术；

③ 开发墨粉所需的基础化工技术；

④ 可与德国相媲美的与印刷机相关的先进机械技术；

⑤ 在成长期的日本市场中积蓄实力后，成功进军全球市场。

日本复印机之所以能在全球市场上占据主导地位，得益于日本制造业的良好环境。

然而，目前复印机行业，由于社会的信息化不断加剧，正处于高速转型期，再加上全球范围内的“无纸化”浪潮，复印机行业以及相关的印刷行业正在经历一场大变局。

但是，在我看来，这个行业的竞争环境还是很宽松的。当我指导一些复印机公司“DTC 开发”时，发现他们与丰田公司的所谓的“拧干抹布”式的严格削减成本的政策相去甚远。还有很多单元和结构存在“零件减半，成本减半”的空间。

究其原因，似乎是他们并不是从零开始开发，而是以施乐公司积累的基本技术为基础逆向开发。

现有复印机的机型要实现“零件减半、成本减半”，须解决以下几个课题：

① 整合和统一管理部门、开发部门的思想；

② 进一步提高开发人员的技能；

③ 按营业利润率10%逆向计算并制定开发目标，然后努力实现这个目标。

（3）模棱两可的“模仿”导致失败

未经许可而进行“模仿”，将引起专利权、版权以及道德方面的问题。正确的做法是，针对一个好的想法，要融入超越这个想法的技术，在更高的维度上“模仿”。

模棱两可的模仿导致“失败”。如果在不完全理解的情况下进行模仿，就会面临大麻烦（质量投诉等）。

在南美洲秘鲁的安第斯山脉，有一座旅游城市叫库斯科。在这座城市附近，有著名的1911年发现的空中城市——马丘比丘的遗址。导游给我们讲解了印加帝国的砌石墙技术和模仿印加帝国的西班牙侵略军的砌石墙技术，非常有趣，这里简单介绍一下。

印加帝国的石墙结构是下面这样的：

① 切割成多边形的石块；

② 石墙的墙壁厚度从下到上相同；

③ 四壁向内倾斜约 2—3 度，而且这个倾斜是逐渐倾斜，从而形成了稳定的四角锥形状的一部分；

④ 上下左右的四面的石块都砌得很精确，石头之间甚至没有能通过一个剃刀片的缝隙；

⑤在上下相邻的石块的邻接面上加工出凹凸，从而提高墙体的抗震性。

从结果来看，西班牙修建的石墙，大多因为后来发生的大地震而倒塌，但是印加帝国的石墙却完好无损。造成这种差异的原因可能是上述③④⑤的技术。模棱两可的模仿导致了失败。

中国资源丰富，人口众多，再加上改革开放政策，使得 GDP 快速增长，如今中国已经超过日本成为世界第二大经济体。其实，这背后还有中国人孜孜不倦地学习和模仿先进技术的历史。虽然有一段时间，中国产品是被嘲笑的对象，但现在的中国，已经成长为当之无愧的世界工厂。

过去的中国产品中，确实有一些不负责任的“模仿”产品和“假冒”产品。但是，随着中国不断地变得富裕，以及与世界各国之间达成的法律共识，中国也不可避免地开始了和其他各国的公平竞争。

第8章

展望新制造业

1 技术指导带来的茅塞顿开

(1) 示范“零件减半，成本减半”

当我接到技术指导的邀请时，一般会尽快拜访客户进行面谈，因为从电子邮件或电话的有限信息中很难掌握实际情况。另外，在开始具体的技术指导之前，我会在相关人员面前示范“零件减半，成本减半”，并通过这个示范来讲解“DTC 开发”的基本概念。

示范一般是这样进行的。把主题产品摆放在大家面前，用示意图在一张 A3 白纸上画出主题产品的结构和零件的形态。然后根据这张示意图，画出零件数量减少一半的新示意图。这种通过示范零件减半过程的方法，对得到相关人员的理解很有帮助。

示范一般按如下顺序进行：

① 零件数量减少 50%；

② 加工过程中的铁屑减少 50%；

③ 焊接长度缩短 50%；

④ 重量减少 30%；

⑤ 组装时间缩短 50%；

⑥ 模具和夹具数量减少 50%。

示意图是按三角法和等距投影法，使用红笔手绘的立体图，所以任何人都能看得懂。

这个“零件减半，成本减半”的示范大约需要 4 个小时。虽然只是关于主题产品中一部分的内容，但通过其结果可以推测出产品的整体趋向性。

到目前为止，从核电设备、医疗设备、光学设备到火化设备、游艺机（弹珠机）等，我在各行各业的厂家示范了主题产品的“零件减半”和“成本减半”。虽然大部分产品都是我在久保田时没有见过的产品，但没有一个产品的成本不能降低一半。对于 5 年前开发的产品来说，“零件和成本减半”并不是什么难事。

（2）技术指导的斐然成绩

关于技术指导的频率，日本国内的厂商是每两周一次，韩国厂商是每个月一次连续指导三天，对中国、美国、英国的厂商的指导一般是不定期的。

为了有效开展降低成本的活动，技术指导的频率很重要。在第一次技术指导中，我会给出“零件减半，成本减半”的示意图。关键是设计人员能否在下一次指导之前画出“零件减半，成本减半”的CAD图纸。这要看设计人员的技术水平，大多数情况下，同一个部位的“零件减半，成本减半”的CAD图纸，要在我的指导下重新画两到三次才能完成。

这主要是因为设计人员没有掌握好“DTC开发”里提到的“技能”。所以，随着技能的提高，开发速度也会逐步提高。因此，根据产品规模，有些主题可能需要一两年时间才能完成产品的试制。

在开发初期，起草“产品开发计划书”时，要在计划中明确提出针对现有机型的创新目标。这个创新目标同时也是第一台试制机的目标。而“产品开发计划书”中规定的成本改进目标，确切地说是开发的结果。

我们假设，有这样一个产品，目前售价为100万日元，一年销售1000台，那么销售额为10亿日元，利润为0日元。如果通过“DTC开发”将售价降低15%，达到85万日元，并增加35%的折扣感，那么销售数量就会翻倍，一年的销售额就会达到2000台，销售额为17亿日元。而单位成本能够降低18万日元，单位利润能够达到9万日元，最终年成本降低3.6亿日元，年营业利润达到1.8亿日元（见图8-1）。

我认为“DTC开发”的成果，不仅是利润的极大提升，更是开发人员在这个过程中的成长。他们能够重新认识到“制造”的真正乐趣，以及产品开发在制造企业中的重要性。开发人员也能在这个过程中重新审视自己的开发工作，温故知新。

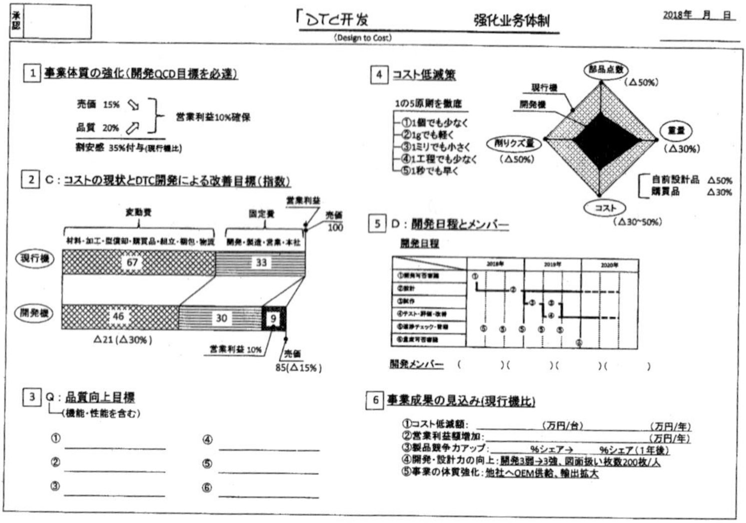

图 8-1　产品开发计划

技术指导的一般准则如下，而对开发的人员的指导一般要进行到第三阶段的实际指导：

① 在客户企业的开发现场，面对实际的主题机和图纸，听取负责人介绍主题机的功能和性能，以及开发的目的和目标。

② 向开发人员和参会人员询问目前的成本、客户使用情况、年产量以及其他同行业公司的情况。

③ 首先，针对主题机中要进行开发部分的结构画出示意图，加深理解。其次，检查结构和构成产品的各部分以及单元上的作用力，寻找不合理的部位，找出问题。

④ 为了改善问题，一边琢磨“零件减半，成本减半”的经

验，一边在脑海中描绘出“十个办法”，之后挑选出其中最好的一个，并用示意图将其整理出来。绘制示意图的过程也是整理自己思路的过程。

⑤ 对比现行结构的示意图与采用新的改进措施的结构的示意图之间的差异，并制作雷达图，使“零件减半，成本减半”的状况一目了然。在雷达图的顶部，以及左侧和右侧选择三个对成本降低有显著影响的项目。雷达图的底部是成本。雷达图是四个角的中心为零的极坐标，当前机型模型为四边的最外侧，每边为100%，开发机型的各项内容显示在内侧。

⑥ 把这张图介绍给开发人员和其他相关成员，帮助他们理解“制造”的思路和手法。“这个节点是第一个阶段，开发人员开‘懂’了。”

⑦ 开发人员会根据我的提示，在下一次技术指导之前完成CAD图纸的绘制。

⑧ 到了开发人员用CAD进行详细设计的时候，他们虽然能看懂我展示的示意图，但还不能应用。对此，我会给他们两三次反复实践指导。

⑨ 通过这样的反复指导，完成“零件减半，成本减半”的CAD图纸。

“这个节点是第二个阶段，开发人员觉得‘我能行’。”

⑩ 最后阶段是根据试制机的图纸完成试制机，然后对试制机进行测试和评价，并针对测试过程中遇到的问题进行修改，

在通过各种测试条件后完成开发（通常是在第二台试制机上完成）。之后，获得“生产审批委员会”的批准，开始量产。

“这个节点是第三个阶段，开发人员觉得‘我会了’。”

开发人员只有在经历了第三个阶段之后，技术才会成为他们自己的。仅从别人那里听来或在书本上读到的，可能成为一次不错的模拟体验，但是这和真正掌握开发技能还有距离。只有真正地流过汗水、完成过至少一次开发工作的开发人员，才能得到“制造”的精髓。

2 海外的开发现场

在这里，我想把我在海外企业的开发现场进行技术指导时的感受写下来（韩国、中国、英国、美国这四个国家），但是内容可能比较零碎，请见谅。

在海外的技术指导中，语言似乎是个大问题，但在我的经历中，由于有优秀的翻译的帮助，语言没有成为障碍。当然，语言是必要的，但大多数时候我的意思都可以通过示意图来表达。“图纸自己就会说话。”

此外，由于“制造”的大部分要素是世界通用的，所以，可以提供和日本几乎相同的技术指导。世界通用的要素如下：

① 无论使用的材料是钢铁还是非铁金属，又或是树脂以及橡胶，其材料符号几乎都相同。

② 尺寸、重量和力学性质等物理属性相同。

③ 不管是二维CAD还是三维CAD，其绘图方法都是ISO第三角法（中国部分地区采用第一角法）。

④ 在零件的加工技术方面，大部分工艺都是一样的，如车床切割、钣金冲压、焊接、树脂成型等。

⑤ 不管是什么产品，都是给顾客，也就是给人使用的。

（1）韩国——“标杆”日本产品

每个月有三天时间，我都会去韩国某大型厂商，为该厂商的机械产品提供“零件减半，成本减半”的开发实践指导。

此外，每月一天，在该公司东京办事处进行技术指导。每次在东京办事处指导时，都会有四五个开发人员从韩国总部出差来东京办事处。而且，我在东京办事处的技术指导会通过视频电话连线韩国总部，所以指导过程中还穿插着韩国总部的提问和意见交流。我目前正在指导的产品是用于动力传达的变速箱，基本已经达到了“成本减半”的预期，仅剩下一些外观的设计修改。

本产品的竞争对手是中国、日本、美国的同类产品，主要市场在中国和美国。该公司尤其对日本产品的技术评价很高，本次开发就是标杆日本竞争对手的代表机型。目前已经完成了对标杆机型的以性能单元为单位的分解调查。而且让我吃惊的是，他们竟然还重新绘制了该标杆机型的零件图纸。

在这家公司里，我既感受到了高层对业务创新的强烈渴望，也感受到了全公司对我的指导的期望。此外，2019 年春季起，我还被邀请对该公司的集团企业的电气元件业务产品进行降低成本指导。

(2) 中国——开发速度是日本的两倍

我做的第一个海外公司的降低成本指导的项目就是在中国。应日本某银行的邀请，我到青岛某工程机械制造公司进行了访问和指导，这家公司还是某行业协会的联络点。

通过这家公司的见闻，我被中国制造业的蓬勃活力震撼。我的讲座是在某行业协会的主办下举行的，时间是在一个星期六。而首先令我感到惊讶的就是，虽然是节假日，竟然有160人参会。在接下来的第二天上午，我在这家工程机械制造公司做了降低成本的指导。当天中午12点，在一家政府餐厅，相关人员围坐在一个大圆桌前共进午餐。随后，在下午3点，当我参观该公司的发动机厂时，惊奇地看到了一个巨大的钢架结构。它还在建设中，矗立在偌大的工地上，在广阔的水泥地上，一排排的柱子无穷无尽。

此外，这家公司在我参观时的解说也令我感到新奇。该公司的人说："其实我们现在正在招募发动机开发人员。因为土地价格的不断高涨，我们决定先建工厂，后招人。"

之后，我们一行来到了一个正在建设中的类似酒店的宿舍。这个宿舍是给日本专家准备的，可以容纳60人左右，而且他们还打算请两个日本厨师。

在参观之后，我正式开始技术指导时，每个人都很认真地看着我，热切的眼神仿佛在回应着我说的每一句话。他们会就我提到的内容，向我提出深入的问题。这与日本安静的技术指导场景截然不同，我被他们的淳朴的求知欲深深感动。

一个月后，当我再次来到这家公司的时候，我再次感到惊讶。根据我在之前的指导中给的示意图制作的试制机已经完成了。那是一个用钣金制成的用于操控机器的结构件，很多地方都融入了充满智慧的创意。过程是这样的，首先，该公司的开发人员依据我给出的示意图完成了结构的 CAD 图纸的绘制。然后，根据结构图绘制了零件图，并最终完成了试制机的制作。整个过程十分精彩。开发速度是日本的两倍。

一般情况下，很多人即使当时看懂了我的示意图，之后到了自己绘制 CAD 图纸的阶段，也会不知所措。有时即使能完成一部分，也很难完成全部。而这家公司的开发人员运用自己的智慧解决了这些问题，而且更进了一步，直接做到了可以投产的阶段，其开发能力确实非常棒。在之后的开发工作中，如能保持如此的孜孜不倦，将来一定能成为公司开发部门的领头人。

（3）英国——高度依赖海外采购

应日本一家大型光学设备制造商的邀请，我每年都要去几次英国。

这结缘于这家公司的英国当地子公司的日本人总经理在成田机场购买了我的书，他在去英国的飞机上读了一路。到英国后他就直接给我发来了电子邮件，说：“我们想引进‘DTC 开发'，希望您能来英国。"

该公司是一家 X 射线透视设备的研发和生产企业，拥有自主开发 X 射线发生装置的能力。工厂位于距离伦敦希思罗机场 1—2 个小时火车车程的地方。我到了那里，并对该公司在当地的两家工厂进行了现场指导。这里是一个工厂区，附近还有劳斯莱斯和丰田的工厂。所在城市也很有特色，是一个位于丘陵地带的历史气息浓重的传统城市。

这里的开发人员来自众多国家。其中来自南美的开发人员总是很开朗，毫不犹豫地问我问题，并且很想把学到的知识运用到工作中去，很有担当。负责 X 射线发生装置开发的是其中的一个有些年纪且经验丰富的人，图纸是用绘图板绘制的，绘制得特别好。

由于 X 射线发生装置要用高压电，因此，如何运用冷却水防止过热一直是一个问题。经过与这位开发人员的深入探讨，我提出了一个新的结构方案。实施这个方案不但能提高冷却性，还可以简化铝铸材料的铸核，从而大幅降低成本。该方案得到了这个开发人员的高度赞赏。

X 射线发生装置之外的产品的指导，都是只提供到试制机完成之前的阶段。这家厂的试制机的交付时间比日本长 2—3 倍。

主要是因为英国国内没有相关厂商，只能从海外采购大部分主要零件。电气元件从意大利的一家厂商购买，某些材料从中国购买，轴承从日本购买。

（4）美国——独立办公室内的开发

在美国，我现在仍然在指导一家位于亚特兰大的展示柜的开发和制造公司。但是过去，我曾考察和指导过好几家公司，这些公司分别位于华盛顿特区、得克萨斯、洛杉矶。我印象很深的一家公司是位于华盛顿塔科马的一个飞机研制基地。

我走访的这些美国公司的开发现场都有一个共同点，就是开发环境都很消极。很遗憾，在我目前为止走访的企业中，没有遇到过一家与美国当前的科技实力相符的开发现场。美国的开发现场是这样的：

① 开发现场由一间间独立的办公室构成，开发人员相互之间的团结意识很薄弱。

② 每个独立办公室内都有一个负责人，有自己的指挥系统。这样一来，必然的结果就是横向联系较弱，所以我估计在实际开发中，会有各自为政的现象发生。

③ 虽然似乎有一个部门负责监督整个流程，但是这个部门的作用不明显，而且在这样的开发环境下似乎很难发挥公司的综合能力。

3 日本的制造现场的优势

当我把自己参观和走访过的其他国家的“制造”现场与日本的“制造”现场进行比较时，不得不承认，日本的现场确实很有魅力。我不止一次在电视节目中听到，被邀请来日本参观“制造”现场的海外职场人士，讲述他们的震惊。事实也确实如此。

我亲眼所见的日本“制造”现场虽然只限于开发现场，但与我参观和走访过的国外厂商相比，我还是能感受到日本的独特优势。

以下举几个优势的例子：

(1) 客户对质量的高要求

客户对质量的高要求，也就是所谓的“日本人气质”，顾客对品质的要求水平比其他国家要高得多。这可能是源于日本人特有的细腻的思维方式和厂家认真应对这种需求而建立起来的先进的产品开发技术。

在日本，产品的质量评价就是一个非常精致的过程。以下，以我经历的一次拖拉机试制机的安全性和操纵性评测为例来说明，这恰恰是加深了我这个看法的例子。进行评测的驾驶员是一个并非专业人士的普通人，以下是实际的试驾驶后，征求他的意见和印象时，他的回答中的一部分。回答包括了诸如“座垫很硬”“发动机启动时，方向盘的震动吓了我一跳”“不明白表盘上的警示语是什么意思”“驾驶室窗框的边角很尖锐，应该更圆润一些”等一系列精准又不乏严厉的评价。

日本人特有的细腻和缜密无处不在，比如顾客在商店里拿起一个苹果时，端详一会儿的姿态。我在调查芝加哥通用磨坊公司开发的“菠菜枕块”（菠菜放在树脂袋里，充入氮气，使其看起来像枕头）时，仔细观察了美国人在购买苹果和草莓时的习惯，发现美国人并没有像日本人那样。

想起我以前在美国的生活经历，感觉美国市场和日本人的细腻几乎格格不入。美国人整体来说比较粗线条，如果以长度来比喻，日本的一厘米相当于美国的一英寸（2.54 厘米）。北美的热门产品也往往都是对实用性要求很高，所以也就很少有功能之外的其他附加值。

（2）试制机零件采购的便利性

在采购试制机的零件时，必须做到以下两点：

① 零件的制造质量能达到图纸指示的要求。

② 能保证在交付日期前交付产品（一般情况下试制机零件

的成本不是那么重要)。

要想在有限的开发期限内实现开发的 QCD 目标，必须满足以上两个条件。在这方面，不必担心日本试制机供应商的质量和交货期，因为他们在过去一直都不负所托。

在我访问的英国和美国的开发现场，往往会遇到试制机件的零件采购困难的问题。在英国开发 X 射线发生器的过程中，我们虽然在图纸阶段就实现了“零件减半、成本减半”的新产品的开发，但在试制机阶段，订购的零件的交货时间比日本长了两到三倍。

这主要是因为以下两点：

① 试制机与量产机的供应商相同。

② 供应商来自意大利、德国、中国、日本等国。

虽然这只是一些个别产品的情况，但是根据我的经验，在日本，借助国内的专家和工厂附近的零件供应商的帮助，从订单到交货一般都可以在两个月内完成。

(3) 开发人员和生产线工人的工作范围

为了开发出超越竞争对手的先进产品，必须有优秀的通才型工程人员。在这一点上，日本的开发人员由于终身雇佣制的存在，与海外同行相比更容易和公司产生“连带感”，从而保证了人员结构的均衡和高素质。另外，在日本，没有像美国那样按行业分工的工会的限制，在一定程度上员工可以处理任何技术领域的问题。

他们之中的一些人虽然是机械专业，但也可以从事软件开发的工作。这样的开发人员，不但解决问题的领域更广，开发的效果也更好。

在过去，美国和日本一样，也有很多人在同一家公司一工作就是三四十年。一位带我参观约翰迪尔工厂的老工程人员曾经告诉我，他家两代人都在那里工作。约翰迪尔公司是世界领先的农业机械制造商之一，该公司位于芝加哥西北 400 公里处的滑铁卢小镇。在这里有一家拖拉机厂和一家发动机厂，总共约 1.6 万名员工。但这已经是 40 年前的事了，不清楚目前是否还有这种雇佣方式。

(4) 容易发挥集体的力量

虽然根据行业和产品的类型会有所不同，但一般来说，一个人就可以完成的开发主题并不多，大多数开发都是需要几个人或者几十人的团队。因此，要想实现产品的整体均衡和先进性，成员之间的相互合作是必不可少的。

正如之前所讨论的那样，为了发挥集体的力量，必须制定明确的 QCD 开发目标，聘任拥有统括全局能力的开发项目经理。在项目组中，成员一般是从各个专业部门中选拔出来的，组成的团队是混合型的团队。所以在开发初期，成员之间存在信任度较低、矜持度较高，而且来自不同部门的成员往往有坚持己见的倾向。主管要在理解和尊重每个人的想法的同时，调整好开发方向，使开发团队发挥出集体的力量。

从这一点来看，近年日本的开发现场虽然在国际化程度方面有所提高，但大多数开发现场仍然是以日本人为主体，只有个别情况下包括极少数中国开发人员在内。工会也是“内部”组织，口号是“让我们与公司共同进步”。从先进国家的角度来看，这大概是一个比较独特的制造业现场。

我不了解国外劳资合作的实际情况，但是估计与日本人的“爱公司精神”不大一样。

按照功能或产品分部门，和按照职务分级的制度应该在哪一个国家都有。但我接触到的海外开发现场的气氛与日本截然不同。例如，美国和瑞士的开发团队是“多民族混合开发团队”，成员包含德国人、俄罗斯人、南美人的后裔。开发现场内部，按照部门明确地划分责任范围，各部门的主管按照各自的意图制定开发方针，各自为政。这样的组织结构让我这个第三者无所适从。

通过这些，我们可以看到，日本有很多可以凝聚集体力量的元素。开发现场可以通过培养优秀的项目经理进一步提高开发能力。

4 展望新“制造业教育”

（1）明确教育的目的和目标

如前文所述，“DTC 开发”的重点是在开发的同时，进行实践教育。通过开发和教育的同时开展，更容易直接对与实际工作相关的问题做出即时反应，也更容易实现开发成果。

虽然前面也提到了我开始“制作业教育”的原因，但是介绍得过于简单，所以在这里，我再明确地阐述一下“制造业教育”的目的和宗旨：

① 重建和重振亏损业务。

② 通过产品开发实现创新。

③ 通过开展实践教育培养开发人员，让他们掌握行业内最好的开发能力。

④ 为客户开发出超越其他公司的优质产品。

⑤ 将产品推向市场。

通过以上这 5 项措施，形成业务重建和复兴的良性循环。

其实通过实践来开展教育的方法，我并没有在一开始就想到。就我自身而言，我的经验确实比别人要多一些，而且有幸在工作中，被赋予了一定的地位和责任范围。因为这些优势，我在工作过程中，通过一步步的摸索，最终开发出“制造业教育”。因为教育的效果立竿见影，并且取得了显著的开发成果，所以这个教育方法就基本固定了下来。

(2) 实践经验和实践教育，培养开发技能

“制造业教育”具体包括5个教育项目，而且这5个项目通过我在不同业务部门的实施，得到了持续的改进。这5个项目是：

① 制造业讲座。

② 百元CD（Cost Down）提议。

③ 第3天检查图纸。

④ 对其他行业产品的IP提取。

⑤ 参观“机械零件及材料技术展览会”。

特别是①和②以课堂讲课的形式，面向所有开发人员，包括问答时间每次进行30分钟，并要求学员严格遵守时间（误差控制在±1分钟）。

①“制造业讲座”由我担任讲师，针对被认为是今后开发工作所必需的通用基本技能进行讲解。教材主要是利用我自己迄今为止所掌握的技能和精心挑选的通用技术资料，在白板上一边板书一边讲解（图8-2—图8-6）。

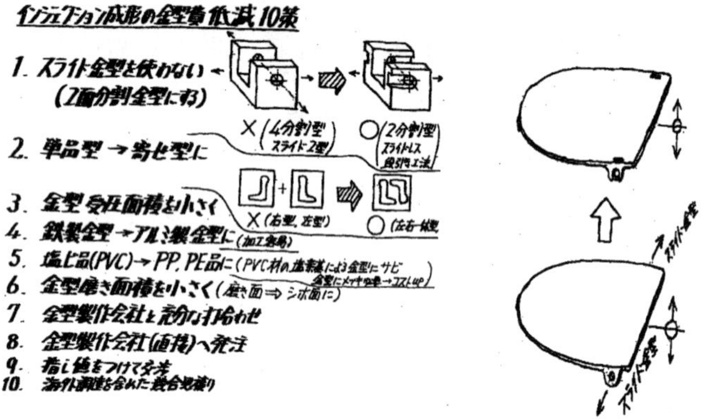

图 8-2　不使用滑模的分段式拉丝法

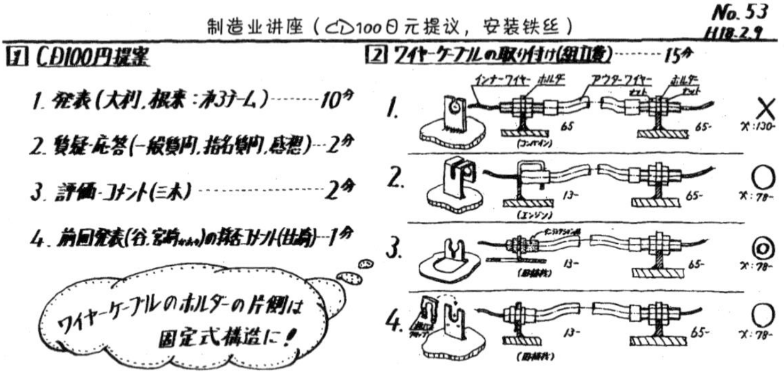

图 8-3　电缆的安装方法

制造业讲座（CD100日元提议，提质将本的技法）

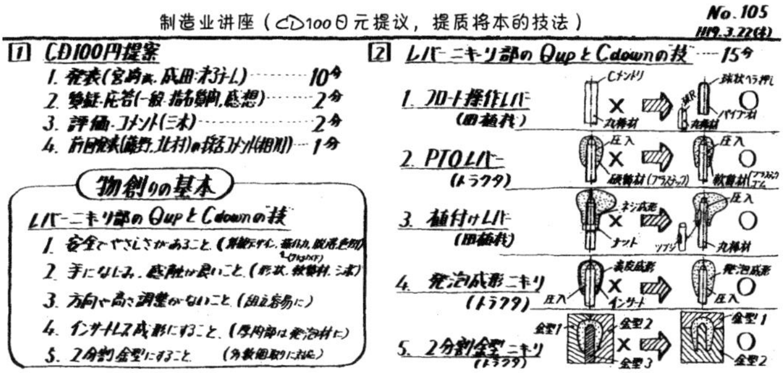

图 8-4　操作杆把手的 QC 工法

制造业讲座（CD100日元提议，钣金和弯曲加工）

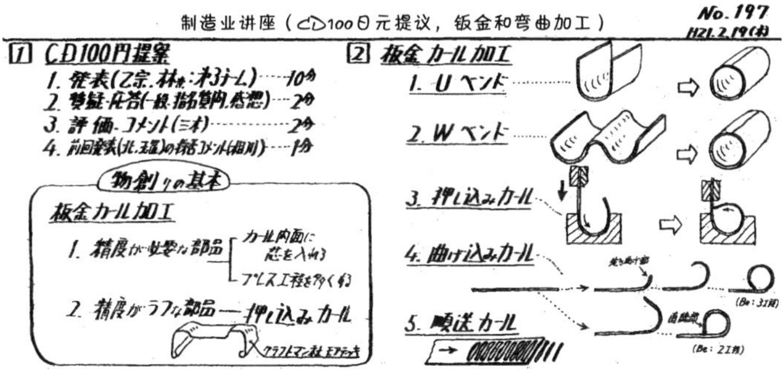

图 8-5　卷曲钣金加工法

制造业讲座（CD100日元提议，不需要钣金工序的设计）

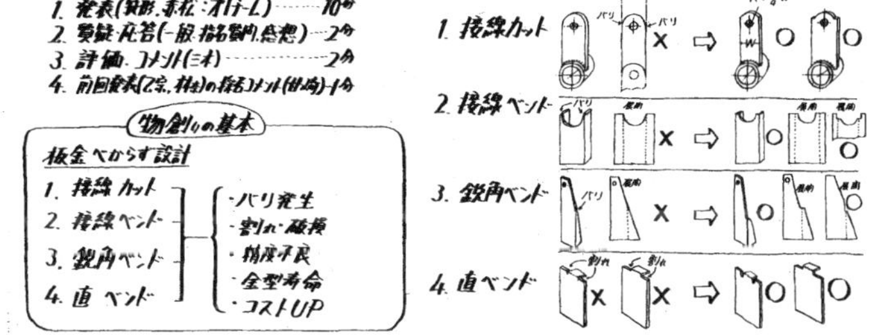

图 8-6　切钣金和弯曲钣金加工法

内容主要包括，市场调查的方法、示意图的绘制方法、计划图和零件图的绘制方法、“成本计算手册”的制作方法、成本的计算方法、“IP 提取”和“PP 提取”的方法、“产品开发计划书”的写作方法、传动系统的设计方法、强度的计算方法、油压系统的设计方法、外观的设计方法、机械加工的基础、焊接件的设计方法、钣金冲压件的设计方法、铁铸件/铝铸件，以及树脂零件的设计方法、模具和夹具的设计方法、组装的要点、包装和物流、电气和控制系统、试制机测试等。

在②“百元 CD（Cost Down）提议”项目中，要求学员针对主题产品提出能够降低 100 日元以上的提议，一组两人，其中一人在完成提议后，发表提议内容。提议内容要总结在不超过 6 页的 PowerPoint 文稿中，需要具体地说明，降低成本的年额（每台产品的成本降低额乘以预估年产量）。发表结束后还有问答环节。

由于提议的前提条件是要有可行性，而不仅仅是一个想法，所以 90%以上的提议会被采纳并应用于开发中的新机型。而且，不少提议还申请了专利。以插秧机为例，仅通过采纳“百元 CD（Cost Down）提议”（每周进行一次），每年就减少了 5 亿日元的成本。自动售货机也是如此，每年降低成本超过 3 亿日元。

关于上面的①②项，当开发团队以小组为单位且人数较少（20 人以下）时，每天进行一次，早上工作开始之后就马上开始。开发团队以部为单位且人数较多时，每周进行一次，也是早上工作开始之后就马上开始。以自动售货机为例，一年大概50周，而我们在3年时间内，实施了188次。在每次①②项实施后，根据需要将当天的材料分发给学员，或集中存放，以方便相关成员随时查阅。这些都成为业务重建的重要推动力。

③“第3天检查图纸”是指在开发工作中，有管理下属责任的领导层的人，需要每3天检查一次下属所绘制的图纸。与下属讨论图纸中发现的问题并指导下属进行改进，同时在这个过程中，传承绘图的技巧。为了做好这项，需要限制主管人员出差和参加会议（改为其他人代理），让其专心检图。

④“对其他行业产品的IP提取”，主要是通过对汽车、家电等产品进行拆解调查，进行IP提取，并召开报告会，分享成果。

⑤至于参观“机械零件及材料技术展览会”，每年都会分派专人去参观在东京BIG SIGHT或大阪INTEX举办的展览，这些是学习先进制造和设计技术的好机会。

我想再重申一次，“教育胜过经验！”，这是我的信念。

另一方面，在我走访的企业中，几乎没有这样的实践教育，在不少企业，实践教育是通过我的技术指导才开始的。

仅通过专业课程或大学的学习，虽然能大致理解开发的方向，但不可能马上就胜任开发工作。除了在学校里学到的基础知识，工作中的实践经验和实践教育，是弥补学校教育的不足并将开发工作落到实处所不可缺少的。有效的实践教育会形成与竞争对手之间，在开发能力上的巨大差距。

5 一定能够实现开发目标的管理

（1）目标越高越容易实现

为了实现高开发目标，或者说为了避免目标不能实现，应该把开发计划中设定的目标提高一个档位。作为防止目标落空的措施，降低成本的目标提高 5%，日程目标延长 20%。同时，要把这个高位目标列入每三个月一次的开发计划进度检查内，进行彻底的管理。所谓检查开发计划的进展情况，就是将计划值与实际值进行比较，在两者之间有差距时，采取措施缩短两者之间的差距。

但是，在我参观和走访过的开发现场，包括各大厂商，我从来没有看到过类似于“产品研发计划书”这样能明确提出 QCD 目标的资料。当然也有一些类似于开发计划书的资料，但其内容基本就是待开发机型的列表。其中包括待开发机型的种类、生产数量和时间以及降低成本的目标，而没有与之相配套的具体的开发方针和措施。甚至有的资料仅是列出了一些要点，没有具体的目标值。

虽然有的资料里也提出了15%或30%的降低成本的目标，但我在询问后得知，他们的降低成本目标几乎从来没有实现过。这样的目标只能称之为努力目标。换句话说，这是在开发中省略了“C”的“QD”开发，而不是“QCD”开发。“C”，也就是成本，仅是开发完成后的结果而不是目标。

这里需要注意的是，如果开发目标不是被要求必须达到的，那么所有部门都会变得很松散，而这很可能会削弱公司的整体实力。也许有人会说，开发目标低一点就更容易实现，但我认为这完全是无稽之谈。

根据我的开发经验，实现一个高的开发目标比实现一个低的目标更容易。为什么会这样呢？我认为，这是因为面对高的开发目标，人们会自然地提高觉悟和责任感。换句话说，就是会形成意识上的差异。同时，更大的开发成果必然带来成功后的更高的成就感，从而形成正向循环。

丰田汽车公司的名誉会长丰田正一郎在《我的简历》(《日本经济新闻》2014年4月16日上午版）中介绍了松下幸之助的一段话，给我留下了深刻的印象。

“即使我们想减少3%或5%的成本，其实也做不到。为了应对自由贸易带来的竞争加剧，石田退三（丰田汽车公司前总经理）要求我们将零件价格降低30%。为了达成这个目标，我们把目前产品的所有成果和经验归零，从设计阶段就重新开始开发，最终我们做到了，而且，赢利能力还比以前提高了。”

(2) 高位的计划与严格的管理

我自己感受到高目标的意义，是因为一次技术指导的经历。几年前，我在某厂商的开发现场进行技术指导时，给十几个学员提出了一个关于降低成本的简单问题，却意外地得到了一个很有意思的结果。

问题是关于我在上一本书《成本减半》中介绍过的“倒T形零件（两个钣金零件焊接在一起，成本100日元）”。首先，我用基于等距投影法的示意图在白板上画出了倒T形的零件。

第一道题要求成员用10分钟时间，思考如何将这个形状的一部分尽可能地廉价化，然后把自己的想法用示意图体现出来。这道题没有设定具体的降低成本的目标。

在所有参与者完成第一道题后，我又出了第二道题。第二道题基本和第一道题是一样的，不同之处在于给出了一个具体的数字目标，“减少50%的零件数量，降低50%的成本”。

结果和我想的一样，在回答第一道题时，大多数人只是提出了比较消极的想法，成本降低的幅度也很有限。还有不少人说：“最多也就能降到这个程度。”

但是，对于第二道题，也可能是因为有了第一道题的经验，超过半数的学员都能够想到通过弯曲一个钣金件，将零件数量从两个减半为一个，并通过采用没有焊接件的结构，将成本减半，从而达到我提出的降低成本的目标。

在实际的产品开发中，当然不会这么简单，但是，开发人员的想法和行为通常都是个体差异的结果。

我认为，“DTC 开发”行之有效的一个原因就是高的开发目标。

如果以降低现有成本 10%为目标，在不改变现有图纸的情况下，对 10 家公司提出竞争性报价要求，就能找到很多比目前的采购成本便宜 10%—20%的供应商，也就是说通过“创新采购方式”，就可以达到降低成本的目的。

然而，“DTC 开发”的目标是降低成本 30%以上，这就需要对整个产品的设计进行修改。成本降低 30%，是为了实现 35%的“实惠感”，也就是在功能、性能、质量上比竞争对手的产品提高 20%的情况下，售价降低 15%的开发目标。

为了实现这个高开发目标，如前文所述，必须制定高位的开发目标，并对目标进行严格的精细化管理。

在我走访的开发现场中，几乎没有以“产品开发计划书”为基础进行产品开发的厂家，包括大公司。而企业的开发潜力恰恰就在于此。如果企业能睁开眼睛看清这一事实，实施“DTC 开发”，那么业绩将有望实现巨大的飞跃。

解说 零件减半，成本减半的产品开发
——对三木原创的产品开发理论的逻辑解说

藤本隆宏，东京大学大学院经济学研究科教授

1 三木先生的实践成果与我的学术经历

本书作者三木先生曾任久保田公司的技术部长、理事，以及久保田机械设计公司的总经理。久保田公司是一家具有代表性的日本大企业。三木先生在久保田公司长期从事产品开发的具体工作以及统筹工作，既有作为工程人员的经验，也有作为管理者的经验，尤其是拥有极为专业的设计经验。

在我看来，三木先生也是一位产品开发理论的传播者，已经远远超出了设计达人的范畴。前几天，我走访了和歌山县的一家优良中小企业。公司负责人充满喜悦地告诉我，三木老师很快就会来给他们做设计指导。正如这个人所说的，三木先生传授“产品设计”的足迹遍布日本各地。

我从 20 世纪 80 年代开始研究制造企业的“产品开发”，也因此走访了世界各国企业的产品开发组织，比较了开发工时、交付时间（LT）、流程、组织结构和开发领导行为。通过实证调查和数据分析，阐明了设计与生产技术、制造，设计与试制机

的制作、相应的测试、设计与产品企划之间的协调的重要性。

优秀的产品经理，其责任范围从产品概念创建开始，贯穿整个产品开发的过程。产品经理与产品开发部门、生产工艺部门协同解决开发过程中的各种问题。例如，开发过程中涉及的试制机、工具和模具的制造所引起的 Just in time 的问题。和供货商联合开发零件，前装（利用三维数字技术提前发现和解决问题）等设计问题。我们发现好的开发项目和坏的开发项目之间的差异，可以用有统计学意义的因素来解释。

在 20 世纪 80 年代后半期，人们发现，在汽车工业中，日本企业总体来说，在开发效率和交付时间上有显著优势，一些日本车企的综合产品实力达到了世界顶级水平。

2000 年以后，我仍然继续研究全球汽车工业和其他行业的产品开发管理，研究结果显示日本汽车工业在开发效率和交付时间上仍然保持强势。此外，近年来，与日本的数字产业国际竞争力下降形成鲜明对比的是，日本汽车企业 40 多年来一直保持着“设计上的比较优势”，日本车在 2020 年的销量占全球新车销售量的三成。高性能和低油耗的汽车，由于功能与结构之间的复杂关系，一般需要对许多专用零件进行优化设计。在这个优化设计的过程中，需要各部门协同进行复杂的“碰撞型”的开发。

总的来说，由于历史等因素，日本企业的团队与欧美企业相比往往规模较小，所以每个人的工作范围较大，分工较少，团队中的设计人员大多掌握多项技能。比如，我在一家美国的日系汽车公司的研发中心听说，美国公司的照明设计人员按车灯的位置分工，日本公司的设计人员则是由一个人负责整个照明系统。另外，根据我们在20世纪80年代的调查，美国公司开发一款新车需要1000人左右，而日本公司进行同样的工作只需要500人左右。

我们的哈佛大学汽车开发研究小组，于20世纪80年代和90年代，在全球范围内进行了实证和统计调查。在那之后，通过后续的调查和对相关方的访谈，对20世纪90年代后半期的3D-CAD（计算机辅助设计）等数字化技术应用于开发的情况有了大致的了解。当然，这样的调查，毕竟不能深入到每个公司的设计部门的内部。从这个意义上说，常年活跃在设计一线的三木先生的见解对我的帮助很大。

本书中，三木先生主要提出了3大主张：

① 结合实际案例对“零件减半，成本减半”开发的说明和推荐。

② 阐述数字化技术普及在开发设计领域的利弊，以及建议企业回归团队合作型的产品开发。

③ 从客户需求和产品理念出发，开展跨事业部的项目制产品开发。

下面我们一起逐一看看这3项。

2 DTC 和零件通用化

三木先生的 DTC（Design to Cost）开发，特别是他的代表口号“零件减半，成本减半”，是以他多年的实践经验为支撑的。三木先生通过减少零件数量，大力推广 DTC，取得了很多显著的效果，所以受到很多设计从业人员的欢迎，尤其是机械行业的从业人员。

一般来说，通过合理的设计来降低成本的方法有两种：

（1）零件的通用化和标准化。

（2）零件的集成化——也就是减少零件数量。

三木先生的零件减半设计方法，显然是属于后者。通过简单的成本计算可以看出，这种方法对于具有复杂结构，而且需要各个单元和零件相互磨合来实现整体性能的产品（“整体优化型设计”），如高性能汽车和其他机械产品，特别有效。同时这些产品都是日本企业拥有巨大“设计比较优势”的产品。

以高性能汽车为例，按接近于“整体优化型设计”的设计理念开发新车时，为各车型专门设计的定制零件，将占到整体功能零件总数的一半以上。从这一点来看，这类设计与一部分数码产品（如个人电脑、手机等）的设计理念（“标准接口型设计”）有很大的不同。而数字家电产品与这二者都不太一样，一方面，在电路设计中使用了大量的标准元器件；另一方面，在对物理性能要求较高的产品的罩壳和机能结构部分，采用专用元器件进行优化设计。通过计算成本可以发现，三木先生提倡的“零件减半，成本减半”设计，在“整体优化型设计”或者部分“整体优化型设计”的产品中更容易实现。

一般来说，因为受制于物理法则，有严格的性能要求和限制条件的加工组装型产品，往往采用整体优化的方式进行设计。因此，构成此类产品的零件往往是专门为该产品设计的。日本的开发和生产现场，成员大多拥有多项技能且分工不细，再加上团队之间以及和供应商之间的融洽的关系，与海外厂家相比更善于“整体优化型设计”。所以降低成本时，减少零件数量的方法比标准化、通用化零件的方法更有效。对安全、燃油效率和环保性能的要求十分严格的高性能汽车，与松软的土地和娇嫩的农作物打交道的高性能农业机械，甚至需要对 PET 瓶等软质物体进行精确、反复处理的自动售货机也都是如此。

对于这类产品，如果进行幅度比较大的零件通用化，很可能出现优化设计遭到破坏或者整体功能下降的情况。另一方面，如果进行小幅度的零件通用化，虽然比较容易推进，但是很可能造成组装成本提高的结果。换句话说，减少零件数量的程度要达到组装工序相应减少的程度，才能对降低成本有直接的作用。

战后日本制造业的优势产品，也就是“整体优化型设计”产品，和以上这个情况完全相符。因此，三木先生的零件减半设计方法，对于日本原本就占优势的产品群，进一步提高竞争力具有重大贡献。

3 重振设计现场

现在，让我们来看看第二个主题，设计现场的组织能力。日本设计领域的工程人员和工人基本上都是一人多能，而且大多是既善于协作又善于协调的综合型人才，所以在“整体优化型设计”产品领域里表现出极强的“设计比较优势”。但是，在讨论这样的问题时有一个基本前提，就是像这样的重视合作的设计和制造现场，在未来是否能够得到保留。

我的研究领域是制造业经营管理，因此到目前为止我有幸走访过国内外的1000多个开发、生产和服务现场。简而言之，日本制造业的基本形态是，“通过多技能工人的团队，创造出良好的附加值（设计信息）流”。而且这个基本形态，自冷战结束后至今，包括平成的30多年，一直得以维持，即使是在经济下行的逆境中，也仍然保持着顽强的生命力，并在逆境中得到了进化和升华。对于我的这个观点，无论是实际观察还是行业统计，都不乏证据支持。

因此，即使到了平成末期（2010年代末），日本制造业仍保持着与平成初期大致相当的规模，占GDP的20%以上，附加值超过100万亿日元（就业人数约1000万）。曾经引起很大争议的“日本制造业消失论”和“制造业整体空心化论”，都被证实是错误的，这两个说法在理论上和经验上都没有依据。

那么，作为制造业的另一个核心，开发现场或者说设计现场的情况如何呢？与生产现场相比，在产品的开发现场，尤其是产品设计现场，不但新产品层出不穷，以 CAD、CAM、CAE、PLM、3D 打印机为代表的支持开发的信息技术的发展也非常显著。然而，不得不承认，以人为本的设计组织的演进，远远慢于生产部门。

其一，产品开发组织一直忙于紧跟新产品技术和新设计概念的进步的步伐，以至于无暇改进自身的组织结构。当然，在特定时期，汽车等优势产业中确实进行了先进的开发项目和开发组织的改革，但这些改革的成果并没有稳定地传递给下一代组织，也没有推动开发组织的进化。这是我在这个领域工作 30 多年的真实感触。

对此，三木先生尖锐地指出，在技术进步光环的阴影之下，设计领域的组织能力在某些方面甚至出现了退化。这是一个非常值得深思的观点。

据三木先生介绍，开发现场的“学习型设计组织”的起源可以追溯到使用绘图板手工在白纸上绘制全尺寸设计图（原图）的时代。当然，三木先生并非只是怀旧地说“还是以前好”，他的分析极具合理性。“检查图纸”是其中的核心概念之一。

绘图的基本程序是，在图纸绘制完成后，首先自己对图纸进行检查，然后接受上级的检查，最后根据极为完善的评价标准进行最终验收。但是，在正式检查图纸之前的，非正式的图纸检查的作用往往更加重要，不但能起到提高设计质量的作用，还能起到教育设计人员的作用。只有当非正式的图纸检查发挥作用时，才能说设计的 PDCA（Plan-Do-Check-Act）循环运行正常。三木先生指出，在使用绘图板的时代的设计现场，整个绘图室内一目了然，很容易看出哪个设计人员遇到了难题，所以前辈或上级可以及时地给予指导和建议。三木先生还回忆说，当时设计人员们经常使用在图纸空白处手绘的“示意图”作为交流工具，交流彼此的心得。

然而，随着 CAD 的普及，绘图板逐渐从设计室中消失，原本行之有效的，通过非正式的图纸检查和“示意图”来教育、培养相互协调的设计意识的方法变得越来越难以实行。

总之，当今日本的许多设计部门都在担心，设计现场已经从促进协作的空间转变为促进分工的空间，既懂客户又懂生产的多功能设计人员变少了，设计人员接触产品整体概念的机会也变少了，总体来说，日本的开发现场所擅长的互相协调的设计在持续弱化。换个角度来说，我们的设计方式正在接近美国式的，细化分工到每个人在一间单间内进行设计的工作方式。

这样一来，年轻的现场设计人员，可以说是在孤立无援的状态下，设计着越来越复杂的产品。由于害怕设计失败，年轻的设计人员很有可能在有意避开那些强调客户满意度、功能、成本和易制造性的大胆的设计，转而拘泥于那些注重先例的保守型设计。这当然不是一个理想的“学习型设计组织”该有的样子。

2007年，曾任丰田汽车旗下的CAD业务子公司总经理的新木广海先生，在演讲中提出了以下设想。过去，在使用纸质图纸进行汽车的新车开发的时代，设计人员们站在和实物相同尺寸的图纸上，可以看到彼此的工作，就像一支足球队那样。现在，随着先进的三维CAD的出现，设计工作变得越来越接近传统的西式分工，有才华的设计人员被安排在单间内从事设计工作。对此，新木先生说："每个人在看着自己的CAD画面的同时，也可以同步查看整体设计的进度（例如通过使用查看器等)。如此，就可以达到和使用纸质图纸的时代同样的效果。"这是新木先生在2007年时的看法，这种先见之明特别值得一提。

10多年后的今天，虽然这样的数字化团队还没有出现，然而，不容否认的事实是我们已经进入了全数字化制造时代，实现新木先生理念的技术条件已经具备了。所以，就以上这个日本制造业竞争力的重大主题而言，三木先生的观点给了我很大的启发。

4 重新审视项目制产品开发

最后，我想谈谈三木先生关于产品开发的第三个主题，即以顾客为重的、跨部门合作的、一气呵成的，项目制产品开发体系。

三木先生的产品开发理论植根于他在久保田的长期工作经验，事实上，这个理论与“重量级产品经理（PM）制”和“重量级项目制”几乎是一样的，这两种制度被证明在高性能汽车等复杂的综合型产品的新机型开发中具有很高的成功率。从这个意义上说，三木先生提出的项目管理方法确实是既合理又有效。

“重量级PM制”一般具有以下特点：

（1）外部整合：项目经理是每个产品的开发负责人，亲自负责创造该产品的产品概念（如丰田汽车的产品主管构想）。

（2）内部整合：项目经理职责不限于开发部门，对生产技术、制造、采购、销售、服务和关键供应商，也可以通过产品概念实施影响力，进而统筹全局。

（3）通过这样的外部和内部整合，保证了新产品的概念和设计的一致性，或者说保证了产品的完整性，从而使产品开发的成功概率得到大幅提高。

以丰田为例，重量级PM过去是由产品主管担任，现在是由资深工程师担任。在本田，重量级PM由大型项目负责人（LPL）或开发总责任人（RAD）担任。虽然丰田和本田的企业文化大相径庭，但在采用重量级PM制这一点上，却惊人地相似。都是由开发负责人监督各职能组织（如车身设计部门、底盘设计部门、发动机设计部门、试制车部门和测试部门）统筹新车的开发。

我有幸接触过很多重量级 PM。他们的个性和领导风格各不相同，其中有些人是在过去比较常见的那种个性鲜明的人。有的人会把超过 1000 张的零件图全部仔细检查，如果看到和自己的产品概念不符的图纸，就会直接到设计部门去，当着设计部长的面要求负责绘图的设计人员重新绘图。

按照人事权限规定，跳过设计部长直接命令设计部的人员是一种越权行为。但是，这个行为似乎被默认了。好像有一种默契，“产品概念计划书是新产品的圣经，在执行这个计划时，重量级 PM 就等同于总经理的分身”。换言之，那些没有这种默契的公司就是不存在“重量级 PM 制”的公司。仅看公司的组织结构图是无法区分二者的。

顺便提一下，近年来，以美国硅谷为中心迅速地传播着一种被称为“设计思维”的设计方法，旨在促进产品概念阶段的概念优化。其实这种方法起源于丰田、本田、索尼等公司几十年来一直使用的概念创作方法。

比如，丰田过去最轰动的第一代卡罗拉汽车的产品主管长谷川龙熊的构想（产品概念计划），简直就像一部短篇小说，描述了住在山里的主妇开着卡罗拉汽车享受生活的一天。可以说，早在半个世纪前，设计思维的基本概念方法就已经横空出世了。

然而，在日本企业封闭式的产品开发组织中，往往将这种方法视为天才设计人员的秘密。与之形成鲜明对比的是，在超越企业界限的开放环境下，整个地区处于持续创新中的硅谷，已经将这些以客户为导向、以实验为导向的概念设计方法标准化，并使之成为整个社会可以共享的知识资产。

于是，在硅谷形成了一种独特的创新风格，有新颖想法的人、有管理能力的人、有实施能力的人、能够提供资金的人，这些人在短期项目中反复聚集、分离。在这种风格之下，试制机成了大家常用的交流手段，起到了类似于三木先生所说的“示意图”的作用。

在硅谷发展起来的，在短期内聚集、分离型的团队，在电子元件和逻辑驱动的开放模式架构的数字商品、服务的发展中大显神威。日本的产业和企业也需要在处理这些领域的业务时，重新学习设计思维。

但是，对于受物理定律支配的、在环境和安全方面有严格限制的复杂的整合性产品（如高性能汽车和产业机械）来说，像日本最优秀的企业那样，依靠小规模的、稳定的、由一人掌握多种技能的工程人员组成的团队合作开发产品的模式仍然很重要。核心问题在于，是否存在以强烈的市场导向来推动开发项目的“重量级 PM”。

在本书中，三木先生提出了在收集客户“真实声音”的基础上，通过提取客户的“感动”和“痛点”，制定平衡客户视角和企业视角的产品开发计划的方法。这个方法与“重量级产品经理（PM）制”和“重量级项目制”是相容的，是产品开发理论的王道。

我们再从这个角度重新审视三木先生的产品开发理论。关键词是“按产品划分的专项开发组织”“项目制”“一气呵成体制”“总经理或事业部长直辖项目”“共享开发目标”“产品开发计划书”等。

简言之：

（1）通过将“顾客的感动”放在第一位的产品理念进行外部整合。

（2）通过按产品划分的专项开发组织进行内部整合。

（3）组建一支小而精、技术过硬、一人多能的开发团队。

（4）由重量级 PM（三木先生本人就曾经担任过）进行统筹管理。

（5）通过总经理直辖、一气呵成体制、现场现物主义，拉近产品开发团队与管理、研究、销售、制造和成本控制部门的距离。

（6）致力于提高产品的整体竞争力和成本竞争力。

（7）通过加快解决问题的速度以及尽可能把问题解决在萌芽之中，达到提高开发效率和缩短交付时间的效果，进而开发出诚信度和成本竞争力双高的优质新产品。

毫不夸张地说，这恰恰就是在日本的优良企业中常见的“重量级 PM 制”。

三木先生所倡导的“DTC 开发”并不能存在于真空中，而是要镶嵌入有效的产品开发体系中才能发挥作用。

5　结语

正如书中所描述的，三木先生在久保田实际参与和指导过小型拖拉机、插秧机、自动售货机、净水箱、空调、联合收割机等产品的开发项目。除了通过“DTC 开发”将零件和成本减半外，还成功地运用了包括上述（1）—（7）的内容的产品开发方法。毫不夸张地说，这种产品开发方法，恰恰就是战后日本企业始终保持着“设计上的比较优势”的，复杂的整合型机械产品的开发方法，而且是产品开发的王道。

在设计农业机械的过程中，三木先生在“制造业现场学”中开展了将不同公司的著名汽车进行拆解和研究的逆向工程。不过，三木先生并不是照搬这些车型背后的日本龙头车企的开发流程和开发组织的细节。还有一点值得注意，从结果来看，三木先生的方法虽然是原创，但是这个方法与日本不同行业的优秀企业的“重量级 PM 制”有很多共同之处。

总之，如果根据产品的市场特点、技术特点、设计理念，用自己的独创性思维来思考理想的产品开发方法，其结果，会与其他行业具有类似特点的产品的开发方法相似。从某种意义上说，这可能是一个必然。所以，我认为本书中提到的三木先生开发的“DTC 开发”方法，应该在更广阔的历史或产业背景下进行讨论。

后　记

《日本经济新闻》2019 年 10 月 15 日刊文称，2019 年的理工科毕业生的就业人数，与 2018 年同期相比增加了 6%。这也是 7 年以来这个指标首次出现理科毕业生超过文科毕业生。一方面，在以 IoT 为代表的新技术突飞猛进的大背景下，大型制造企业积极扩招理工科毕业生。另一方面，文科毕业生的工作，例如大型银行的柜台工作等，正不断地被自动化设备取代，不得不承认，技术革新已经开始改变人才市场的格局。在 IoT、人工智能，机器人等引领下的“第四次产业革命”，直接导致大型制造企业对工程技术人员需求的急剧扩大。

事实上也确实如此，在我熟知的农机领域，“智能农业”被寄予厚望，被热切期待引领日本乃至全世界农业的未来。利用 GPS 技术的无人自动驾驶化，自动作业的“超级省力化”，以及在无人驾驶的情况下可以感知障碍物或异常情况的“超级安全化”等技术不断升级。应运而生的自动驾驶拖拉机、自动驾驶联合收割机、自动驾驶插秧机也已经全面上线，正在把日本的农业变成既智能又有魅力的产业。

在我工作过的久保田拖拉机事业部，为了应对全球化，员工的人数和10年前相比，从180人增加到320人，是原来的1.8倍。负责产品外观设计的员工人数也从6人增加到24人，是原来的4倍。

新制造业的“世界”正在寻求新的人才。但是，我认为我们不应该完全被新事物遮蔽双眼。不容置疑，新制造业的基础是当下的制造业以及当下的人才。

对于像我这样从昭和时代到令和时代，一如既往地工作在制造业的人来说，其中既有苦累，也有梦想和乐趣，而更多的是满满的充实感。“DTC开发”就是在这个过程中，在多少个拼尽全力，不眠不休的日日夜夜的开发实践中，逐渐成形的。经常是，半夜想到的好点子，第二天就赶快把它画出来。即使是现在，我也会在床头放一张纸和一支红笔，实践着“DTC开发”。现在大家都在提倡劳逸结合的工作方式改革，但我的座右铭是，“开发人员的大脑，24小时一直在工作”。

“DTC开发”，如今已经得到很多厂家的认可和引进。我非常高兴，也希望能继续为制造业的发展尽力。

我总觉得自己的开发人生就像是从一条小溪开始，之后变成一条大河，最后汇入了大海。虽然我主要是在日本工作，但也常去海外进行技术指导。以“零件减半，成本减半”为目标的开发，无论哪家公司都可以实现。因为在很多开发现场都埋藏着聚宝盆，存在着巨大的机遇。

三木博幸

参考文献

安達瑛二（2014）『ドキュメント トヨタの製品開発』白桃書房

新木廣海（2007）「日本のモノ・コトづくりとCAD/CAM」、2007年1月30日「ITとものづくり—デジタル設計開発の課題と展望」(東京大学安田講堂）発表資料

藤本隆宏（1997）『生産システムの進化論』有斐閣

—（2003）『能力構築競争』中央公論新社

—（2004）『日本のもの造り哲学』日本経済新聞社

—（2012）『ものづくりからの復活』日本経済新聞出版社

—（2017）『現場から見上げる企業戦略論』KADOKAWA

—（2019）「製品開発における部品点数削減とコスト削減—三木博幸著『良い製品開発』を読む」東京大学 MMRCディスカッションペーパーシリーズ516

—編（2013）『「人工物」複雑化の時代』有斐閣

—=キム・B・クラーク（1993）『製品開発力』田村明比古訳、ダイヤモンド社

―＝キム・B・クラーク（2009）『増補版 製品開発力』田村明比古訳、ダイヤモンド社

―・桑嶋健一編（2009）『日本型プロセス産業』有斐閣

―・朴英元編著（2015）『ITを活かすものづくり』日本経済新聞出版社

―・武石彰・青島矢一編（2001）『ビジネス・アーキテクチャ』有斐閣

―・安本雅典編著（2000）『成功する製品開発』有斐閣

碇義朗（1985）『トヨタ対日産 新車開発の最前線』ダイヤモンド社

―（1986）『燃えるホンダ技術屋集団』ダイヤモンド社

小林英幸（2017）『原価企画とトヨタのエンジニアたち』中央経済社

前間孝則（1993）『マン・マシンの昭和伝説』講談社

三木博幸（2008）『コストを下げれば、品質は上がる』日本経済新聞出版社

―（2011）『部品半減』日本経済新聞出版社

―（2014）『コストは、必ず半減できる。』日本経済新聞出版社

―（2020）『良い製品開発』日本経済新聞出版社

延岡健太郎（1996）『マルチプロジェクト戦略』有斐閣

野村俊郎（2015）『トヨタの新興国車IMV』文眞堂

下川浩一編著・藤本隆宏・出水力・伊藤洋著（2013）『ホンダ生産システム』文眞堂

トヨタ自動車株式会社（2001）『トヨタをつくった技術者たち』トヨタ自動車株式会社技術管理部

定价：28. 00 元

定价：36. 00 元

定价：30. 00 元

定价：32. 00 元

定价：32. 00 元

定价：32. 00 元

定价：38. 00 元

定价：26. 00 元

定价：36. 00 元

定价：22. 00 元

定价：32.00 元

定价：36.00 元

定价：36.00 元

定价：36.00 元

定价：38.00 元

定价：28.00 元

定价：38.00 元

定价：36.00 元

定价：38.00 元

定价：36.00 元

定价：36.00 元

定价：46.00 元

定价：38.00 元

定价：42.00 元

定价：49.80 元

定价：38.00 元

定价：38.00 元

定价：38.00 元

定价：45.00 元

定价：52.00 元

定价：42.00 元

定价：42.00 元

定价：48.00 元

定价：58.00 元

定价：48.00 元

定价：58.00 元

定价：58.00 元

定价：42.00 元

定价：58.00 元

定价：58.00 元

定价：58.00 元

定价：58.00 元

定价：58.00 元

定价：58.00 元

定价：58.00 元

定价：68.00 元

定价：68.00 元

定价：68.00 元

定价：68.00 元

定价：68.00 元

定价: 68.00 元

定价: 68.00 元

定价: 58.00 元

定价: 88.00 元

定价: 136.00 元（上、下册）

定价: 136.00 元（上、下册）

定价: 68.00 元

定价: 58.00 元

定价: 58.00 元

定价: 58.00 元

“精益制造”专家委员会

齐二石　天津大学教授（首席专家）

郑　力　清华大学教授（首席专家）

李从东　暨南大学教授（首席专家）

江志斌　上海交通大学教授（首席专家）

关田铁洪（日本）　原日本能率协会技术部部长（首席专家）

蒋维豪（中国台湾）　益友会专家委员会首席专家（首席专家）

李兆华（中国台湾）　知名丰田生产方式专家

鲁建厦　浙江工业大学教授

张顺堂　山东工商大学教授

许映秋　东南大学教授

张新敏　沈阳工业大学教授

蒋国璋　武汉科技大学教授

张绪柱　山东大学教授

李新凯　中国机械工程学会工业工程专业委会委员

屈　挺　暨南大学教授

肖　燕　重庆理工大学副教授

郭洪飞　暨南大学副教授

毛少华　广汽丰田汽车有限公司部长

金　光　广州汽车集团商贸有限公司高级主任

姜顺龙　中国商用飞机责任有限公司高级工程师

张文进　益友会上海分会会长、奥托立夫精益学院院长

邓红星　工场物流与供应链专家

高金华　益友会湖北分会首席专家、企网联合创始人

葛仙红　益友会宁波分会副会长、博格华纳精益学院院长

赵　勇　益友会胶东分会副会长、派克汉尼芬价值流经理

金　鸣　益友会副会长、上海大众动力总成有限公司高级经理

唐雪萍　益友会苏州分会会长、宜家工业精益专家

康　晓　施耐德电气精益智能制造专家

缪　武　益友会上海分会副会长、益友会/质友会会长

东方出版社

广州标杆精益企业管理有限公司

標杆精益®
BENCHMARK LEAN

人民东方出版传媒
People's Oriental Publishing & Media
東方出版社
The Oriental Press